21世纪大学俄语系列教材

俄汉对照
缤纷俄语阅读

总主编　王加兴

本册主编　邓滢　王加兴　陈静

北京大学出版社
PEKING UNIVERSITY PRESS

图书在版编目（CIP）数据

俄汉对照·缤纷俄语阅读.4／邓滢，王加兴，陈静主编. —北京：北京大学出版社，2015.8
（21世纪大学俄语系列教材）
ISBN 978-7-301-26111-8

Ⅰ.①俄…　Ⅱ.①邓…②王…③陈…　Ⅲ.①俄语 – 阅读教学 – 高等学校 – 教材　Ⅳ.①H359.4

中国版本图书馆CIP数据核字（2015）第171418号

书　　　名	俄汉对照·缤纷俄语阅读4
著作责任者	丛书总主编　王加兴
	本册主编　邓　滢　王加兴　陈　静
责任编辑	李　哲
标准书号	ISBN 978-7-301-26111-8
出版发行	北京大学出版社
地　　　址	北京市海淀区成府路205号　100871
网　　　址	http://www.pup.cn　新浪微博：@北京大学出版社
电子信箱	pup_russian@163.com
电　　　话	邮购部 62752015　发行部 62750672　编辑部 62759634
印　刷　者	北京大学印刷厂
经　销　者	新华书店
	787毫米×1092毫米　16开本　4.25印张　100千字
	2015年8月第1版　2015年8月第1次印刷
定　　　价	25.00元

未经许可，不得以任何方式复制或抄袭本书之部分或全部内容。
版权所有，侵权必究
举报电话：010-62752024　电子信箱：fd@pup.pku.edu.cn
图书如有印装质量问题，请与出版部联系，电话：010-62756370

前　言
ПРЕДИСЛОВИЕ

　　近年来，互联网的普及为俄语学习者提供了极大的便利条件，包括文字、图片和视频在内的各种电子版俄文材料应有尽有，"唾手可得"。然而，针对零起点的初学者而言，他们所掌握的俄语词汇量和语法知识毕竟十分有限，因此难以享受到这一便利条件。另一方面，由于种种原因，我们国内很少出版供俄语初学者使用的课外读物。北京大学出版社推出的这套俄汉对照读物为广大的俄语初学者解决了燃眉之急。

　　本读物是为高校俄语专业基础阶段的学生以及具有同等水平的俄语学习者而编写的初级读物，第一册供一年级学生使用，第二、三、四册则供二年级学生阅读。

　　本读物题材较为广泛，涉及《高等学校俄语专业教学大纲》（第二版）所指定的基础阶段教学内容的各项题材，如家庭、婚姻、学习、餐饮、交通、名人、城市、体育运动、经济、文化生活等。所选短文都以浅显易懂、纯正地道的现代俄语写成。课文体裁多样，第一册以生动有趣的小故事为主，辅之以笑话、记叙文、人物采访等；第二、三、四册的课文则大都为新闻报道和随笔杂文，具有时效性。我们希望本读物有助于激发读者的俄语阅读兴趣，有助于读者在轻松愉快中提高俄语阅读能力，养成良好的俄语阅读习惯。在课文选材方面，除了知识性和趣味性，我们还特别注重人文性，我们希望学生在阅读中积淀人文素养，体验人文情怀。

　　每一册按题材分为八至十课，每一课由同一题材的三篇短文组成。每篇短文的生词率平均为4%左右。我们采用在阅读文章边栏标注生词的形式，以方便学生阅读；此外，还用脚注的方式，对短文中的词汇、语法等语言难点，以及重要的人名、地名进行解释，一方面可以适当降低阅读难度，另一方面又可以增加读者对俄罗斯国情文化知识的了解。

　　本读物所选文章短小精悍，适合业余时间阅读学习。

　　特别要感谢在我校工作的两位俄籍教师娜·阿·科瓦廖娃（Наталья Анатольевна Ковалёва）和尼·列·韦尔图诺娃（Нина Леонидовна Вертунова），她们对本读物的一部分课文做了必要的文字处理。

王加兴
2014年6月1日于南京大学仙林

略语表
УСЛОВНЫЕ СОКРАЩЕНИЯ

вводн. — вво́дное (сло́во)	插入语
высок. — высо́кое (сло́во)	高雅语
ж. — же́нский (род)	阴性
книжн. — кни́жное (сло́во)	书面语
м. — мужско́й (род)	阳性
матем. — математи́ческий (те́рмин)	数学用语
мед. — медици́нский (те́рмин)	医学用语
нареч. — наре́чие	副词
нескл. — несклоня́емое (сло́во)	不变格
несов. — несоверше́нный (вид)	未完成体
офиц. — официа́льное (сло́во)	公文用语
предл. — предло́г	前置词
прост. — просторе́чное (сло́во)	俗语
разг. — разгово́рное (сло́во)	口语
сов. — соверше́нный (вид)	完成体
спец. — специа́льное (сло́во)	专业用语
ср. — сре́дний (род)	中性
частиц. — части́ца	语气词

目 录
ОГЛАВЛЕНИЕ

УРОК 1 О СТУДЕНТАХ / 1
大学生 / 1
Текст 1 Как провести весёлый День студента? / 2
课文一 如何欢度大学生节？/ 3
Текст 2 Кóнкурсы и ѝгры в студéнческий день / 4
课文二 大学生节的竞赛和游戏活动 / 5
Текст 3 Одѝн день студéнта в рубля́х / 6
课文三 一个大学生一天花多少卢布 / 7

УРОК 2 ДОСТУПНОЕ ЖИЛЬЁ — МЕЧТА КАЖДОГО РОССИЯНИНА / 9
买得起住房——每个俄国人的梦想 / 9
Текст 1 Не есть, не пить… На кварти́ру скопи́ть! (1) / 10
课文一 不吃不喝……攒钱买房！（1）/ 11
Текст 2 Не есть, не пить… На кварти́ру скопи́ть! (2) / 13
课文二 不吃不喝……攒钱买房！（2）/ 14
Текст 3 Что зна́чит "досту́пное" жильё? / 15
课文三 何为"买得起"住房？/ 16

УРОК 3 ЗА ЧТО РОССИЯНЕ ГОТОВЫ ПЛАТИТЬ ВРАЧАМ? / 17
俄国人打算给医生支付哪些费用？/ 17
Текст 1 Допла́чивать ещё за что́-то не собира́юсь! — так отвéтили большинство́ / 18
课文一 我可不想额外再交什么钱了！——大多数人如是回答 / 20
Текст 2 За бы́струю и ка́чественную медпо́мощь мо́жно всё-таки доплати́ть — на э́то согла́сны 18% опро́шенных / 21
课文二 为获得快速优质的医疗服务还是可以额外付费的——18%的被调查者对此表示认同 / 22
Текст 3 Мнéние экспéрта / 23
课文三 专家观点 / 24

УРОК 4 КАК ВЫГОДНО СПЛАНИРОВАТЬ ОТПУСК В 2013 ГОДУ / 25
如何合理有利地安排2013年休假 / 25
Текст 1 Разбира́емся со сро́ками и направле́ниями / 26
课文一 我们来了解一下假期和（旅行）线路 / 27
Текст 2 Виз приба́вится и уба́вится (1) / 27

课文二 （需要办理）签证（的国家）有增有减（1）/ 28
   Текст 3 Виз прибáвится и убáвится (2) / 29
   课文三 （需要办理）签证（的国家）有增有减（2）/ 30

УРОК 5 КОМУ НА РУСИ ЖИТЬ ХОРОШО? / 31
   谁在俄罗斯能过好日子？ / 31
   Текст 1 Опрóс: «Чýвствуете вы себя́ счастлúвым в вáшем гóроде?» / 32
   课文一 调查（问卷）："在您（居住）的城市您感到幸福吗？" / 33
   Текст 2 Рáзница в ýровне жúзни мéжду Москвóй и провúнцией сохраня́ется (1) / 34
   课文二 莫斯科和外省之间的生活水平仍有（一定）差距（1）/ 35
   Текст 3 Рáзница в ýровне жúзни мéжду Москвóй и провúнцией сохраня́ется (2) / 36
   课文三 莫斯科和外省之间的生活水平仍有（一定）差距（2）/ 37

УРОК 6 ПОЛЕЗНО ЗНАТЬ АБИТУРИЕНТУ / 39
   高考生不妨了解一下 / 39
   Текст 1 Минобрнаýки окончáтельно отменúло в шкóле золотЫ́е и серéбряные медáли / 40
   课文一 教育科学部完全取消了中学的金银奖章/ 41
   Текст 2 Рособрнадзóр утвердúл дáты проведéния ЕГЭ в 2014 годý / 42
   课文二 俄教科监督局确定了2014年国家统一考试日期 / 43
   Текст 3 Почтú 62 тЫ́сяч выпускникóв прúняли учáстие в дополнúтельном этáпе ЕГЭ в 2012 годý / 44
   课文三 2012年将近有6.2万名毕业生参加了国家统考的补考 / 45

УРОК 7 О ЧЁМ МЕЧТАЮТ РОССИЯНЕ? / 47
   俄国人有哪些梦想？ / 47
   Текст 1 Мечтáть — не врéдно! / 48
   课文一 做做美梦也无妨！/ 48
   Текст 2 Что рýсскому хорошó? / 50
   课文二 在俄罗斯人看来什么是好？/ 51
   Текст 3 Каковá должнá быть систéма распределéния дохóдов и под какúм лóзунгом развивáется странá? / 52
   课文三 应该实行什么样的收入分配制度？国家应该在什么样的口号下（继续）发展？/ 53

УРОК 8 КАКИМИ ЗАБОЛЕВАНИЯМИ ЧАЩЕ ВСЕГО СТРАДАЮТ РОССИЯНЕ? / 55
   俄国人常患哪些疾病？ / 55
   Текст 1 От какúх болéзней умирáют россия́не / 56
   课文一 俄国人死于哪些疾病？/ 57
   Текст 2 Росси́я, не болéй! (1) / 58
   课文二 俄国人，勿生病！（1）/ 58
   Текст 3 Росси́я, не болéй! (2) / 59
   课文三 俄国人，勿生病！（2）/ 60

О СТУДЕНТАХ
大学生

Текст 1   Как провести весёлый День студента

Студенты — люди весёлые, шумные. Больше всего на свете настоящий студент любит праздники и отдых, поэтому День студента каждый год отмечается незабываемо. Студент — это человек, который уже находится в достаточно сознательном возрасте: на первом и втором курсах учатся обычно юноши и девушки, которым уже исполнилось восемнадцать лет, и они, в принципе①, должны полностью посвящать себя② впитыванию знаний во благо③ будущей профессии.

впитывание 接受，吸收；吸进，吸入
благо высок. 幸福，福利，利益
повод 理由，口实，借口
императрица 女皇
указ （最高政权机关或国家元首的）命令

Но это в идеале. На самом деле, каждый студент обязан хотя бы один раз в жизни пропустить пары, не сдать экзамен ну и, конечно же, отпраздновать какой-нибудь праздник в большой компании.

Каждый праздник для студента становится поводом. Поводом пообщаться, потанцевать, погулять, напиться, попасть в неприятности. Но особое внимание студенты обращают на свой профессиональный праздник — День студента!

В нашей стране существует традиция отмечать День студента два раза: 17 ноября (международный) и 25 января (Татьянин день).

Почему именно Татьянин день по традиции считают Днём студента? Много лет назад, а точнее в 1755 г., великая императрица Елизавета④ издала указ⑤ об открытии университета в Москве, тем самым⑥ положив начало⑦ развитию образования. Дата этого знаменательного события — 12 января по старому стилю⑧, и 25 января в наше время. Прошло много лет, но и сейчас студенты верят, что Татьяна оберегает их от⑨ неприятностей

---

① в принципе 原则上，总体上，基本上
② посвящать себя чему 全身心投入于，致力于，献身于
③ во благо чего 为了（……的利益），有利于
④ императрица Елизавета （伊丽莎白女皇，1709—1761）——伊丽莎白·彼得罗夫娜，彼得一世之女，1741年起为俄国女皇。
⑤ издать указ 颁布命令
⑥ тем самым 从而，因而，这样就……
⑦ положить начало чему 打下……基础；开创
⑧ старый стиль 旧历（俄罗斯历法有旧历<儒略历>和新历<公历，格里高利历>之分。前者是古罗马皇帝儒略·凯撒公元前1世纪制定颁行，平年365日，四年一闰，闰年366日，平均每年为365.25日；后者是罗马教皇格里高利十三世于1582年根据地球公转对儒略历作了修改，使平均年长更接近回归年的新历法。在俄罗斯，自彼得大帝开始两种历法并行，十月革命后苏联政府规定使用新历，但在民间人们依然使用儒略历。两种历法在18世纪相差11天，19世纪相差12天，20—21世纪相差13天。）
⑨ оберегать кого от кого-чего 使（某人）免受……的危害

в учёбе и всячески им помогает.

Международный День студента гораздо моложе славянского. Его отмечают с 1941 года. Международный День студента служит для объединения всех учащихся высших учебных заведений во всех странах мира независимо от национальности, специальности и социального положения.

всячески *нареч., разг.* 想方设法地，千方百计地
славянский 斯拉夫（人）的

课文一　如何欢度大学生节？

大学生是一个快乐而热闹的群体。一名真正的大学生最喜欢做的事莫过于过节和休闲，所以每年欢度大学生的节日总是令人难忘的。大学生已处于一个相当懂事的年龄：在一、二年级学习的通常都是已满十八岁的青年男女，从原则上说，为了自己将来所从事的职业，他们理应专心致志地学习知识。

但那只是理想。其实，每个大学生也应该有这样的经历（哪怕一辈子就一次）：逃课、考试不及格，当然，还有和一大帮人一起庆祝某个节日。

每一个节日对大学生来说都可以成为一个由头，以便有机会交往交往、跳跳舞、散散心、喝喝酒，（甚至）遭遇不快。不过大学生们尤为关切的还是属于自己的专门节日——大学生节了！

我国有这样一个传统，即一年要过两次大学生节：11月17日的国际大学生节和1月25日的塔吉扬娜日。

为什么传统上会把塔吉扬娜日算作大学生节呢？许多年前，确切地说，是在1755年，女皇伊丽莎白颁布了关于在莫斯科创办大学的法令，从而奠定了教育发展的基础。这一重大事件的纪念日，旧历是1月12日，公历则为1月25日。尽管已过去了许多年，但当今的大学生们依然相信,（殉教圣徒）塔吉扬娜可以保佑他们学业顺利,并用各种方法帮助他们。

国际大学生节比斯拉夫民族的这个节日要年轻得多——它是从1941年才开始设立的。国际大学生节旨在团结全世界高等学校的所有学子们，而不分民族、专业和社会地位。

Текст 2 Ко́нкурсы и и́гры в студе́нческий день

Что́бы хорошо́ отдохну́ть в Татья́нин день, ну́жно постара́ться забы́ть о за́втрашнем дне. Да́же е́сли у Вас на сле́дующий день по́сле пра́здника контро́льная и́ли ещё что́-то ва́жное, не ду́майте о пробле́мах, про́сто отдыха́йте. Во-пе́рвых, преподава́тели то́же лю́ди, они́ пойму́т Ва́шу него́товность и от всей души́ посмею́тся над Ва́шим уста́лым ви́дом. Во-вторы́х, ка́ждый год Вы пи́шете деся́тки контро́льных рабо́т, а День студе́нта быва́ет не так уж и ча́сто.

Ко Дню студе́нта ну́жно гото́виться зара́нее. Опроси́те одногру́ппников и узна́йте, кто то́чно бу́дет его́ отмеча́ть. Встреча́ть День студе́нта мо́жно в ночно́м клу́бе. Му́зыка, *кокте́йли*, осо́бая атмосфе́ра Вам обеспе́чена. Мно́гие заведе́ния гото́вятся к пра́зднику специа́льно: устра́ивают ко́нкурсы, приглаша́ют *диджее́в*, де́лают ски́дки, ну и́ли наоборо́т — поднима́ют це́ны. Учти́те, что студе́нтов мно́го и их коли́чество в клу́бах бу́дет огро́мным. Поэ́тому зара́нее закажи́те сто́лик, что́бы пото́м весь ве́чер всей гру́ппой не стоя́ть о́коло ба́рной *сто́йки*.

кокте́йль [тэ] м. 鸡尾酒
диджей（广播或电视台的）音乐节目主持人
сто́йка（酒吧的）柜台
съёмный 租赁的，出租的
жильё разг. 住所，住房
совме́стный 共同的，协作的
пиццерия 比萨饼店
бо́улинг 保龄球馆；保龄球
заброни́рованный 预留的，保留的

Ча́сто для э́того пра́здника студе́нты снима́ют кварти́ру. Договори́ться о ней то́же на́до за па́ру дней. По́сле заня́тий, зайдя́ в магази́н и купи́в всё необходи́мое, студе́нты отправля́ются на *съёмное жильё*. *Совме́стное* приготовле́ние заку́сок, шу́тки и му́зыка создаду́т атмосфе́ру студе́нческой жи́зни. С одно́й стороны́, гуля́ть мо́жно бу́дет до утра́, пока́ хва́тит сил, а с друго́й — мо́гут возни́кнуть пробле́мы с сосе́дями и поли́цией. Лу́чше сра́зу предупреди́ть хозя́ина кварти́ры, для чего́ Вы её снима́ете.

Та́кже мо́жно собра́ться всей гру́ппой и сходи́ть в *пицце́рию*, *бо́улинг*, кафе́, да куда́ уго́дно — лишь бы[1] бы́ло у всех хоро́шее настрое́ние. Небольша́я подгото́вка в ви́де[2] своевре́менно *заброни́рованного* ме́ста позво́лит Вам избежа́ть мно́гих забо́т.

По́мните, студе́нчество бы́стро зака́нчивается, поэ́тому Вы про́сто обя́заны отпра́здновать День студе́нта на всю кату́шку[3]. Кста́ти, э́тот пра́здник позволя́ет узна́ть о лю́дях мно́го чего́ интере́сного.

---

[1] лишь бы 只要，但求，唯愿
[2] в ви́де чего 以……形式
[3] на всю кату́шку прост.（与жить, весели́ться, пра́здновать 等连用）尽情，恣意

课文二　大学生节的竞赛和游戏活动

要想在塔吉扬娜日好好休息一下，就得尽量忘掉次日的事情，即使节后第一天就有（课堂）测验或其他什么重要的事情，也不必去想，就是休息。首先，老师也是人，你们没有好好准备，他们会理解的，（说不定）还会拿你们这副疲惫的样子寻开心呢。其次，每年你们都要做几十次测验，而大学生节可不是常有的事儿。

为迎接大学生节，得事先做些准备工作。多问问同班同学，了解清楚，哪些人肯定会参加庆祝活动。可以在夜店里迎接大学生节的来临：音乐、鸡尾酒——准会使你们感受到一种别样的氛围。许多夜店为迎接节日而专门做了准备：举办各种竞赛，邀请音乐节目主持人，打折，或者相反——提价。需要注意的是，大学生（本来就）够多的，来夜店聚会的人数（肯定）也少不了，所以要事先预定好一张桌子，免得到了那天全班同学整个晚上只有站在吧台前面的份儿。

为了（欢度）这个节日，大学生们也常常（临时）租一套住宅，这同样也需要提前两天商谈好。学生们上完课，就去商店买好需要的所有东西，赶往出租房。大家一起做凉菜，说笑，听音乐——营造出一种大学生的生活氛围。一方面，只要有足够的体力，可以玩个通宵，但另一方面，这可能会给邻居和警察带来麻烦。最好一开始就告诉房东，你们租房是干什么用的。

全班同学也可以集中起来，一起去比萨店、保龄球馆、咖啡馆，总之随便去哪儿都行——只要大家心情好。只需事先稍作准备——及时把地方预定好，就会省去你们许多麻烦。

切记：大学生活稍纵即逝，所以在大学生节真该尽情享受一番。对了，这个节日也会让你们了解到人们的诸多趣事。

Текст 3   Один день студента в рублях

Представьте, что перед нами молодой человек, студент второго курса хорошего вуза. Живёт он с родителями в московской квартире, родители среднего достаток. Ежемесячно парень получает стипендию в размере 1300 рублей.

Транспорт:

Мало кто живёт в 3—5 минутах ходьбы от метро, поэтому добираться до ближайшей станции метро студентам приходится наземным транспортом. Чаще всего это маршрутки, средняя цена за проезд в которых — 25 рублей. Умножаем 25 на два, получаем 50 рублей. Метро. Проездной❶ в метро для студентов стоит 320 рублей в месяц, делим на 30, получаем около 10 рублей в день. Конечно, это грубый подсчёт❷, но всё же проезд в метро при наличии проездного не бесплатный. Всего на транспорт затрачено 60 рублей в день.

достаток	富裕，富足
маршрутка разг.	专线出租车，专线小巴
проезд	乘车
умножать несов./умножить сов., матем.	乘
подсчёт [щ]	计算
наличие	有，具有，具备
комплексный	成套的
пюре [рэ] нескл., ср.	菜泥，果泥
котлета	肉饼
наверняка нареч., разг.	无疑，肯定
хот-дог	热狗

Обед:

В разных вузах стоимость комплексного обеда разная, обычно это 110-200 рублей за тарелку горячего супа, порцию пюре, одну котлету и стакан сока. Возьмём «золотую середину❸» и получим 150 рублей за обед.

Дополнительное питание:

Наверняка многие из студентов предпочитают что-нибудь съесть ещё и во время нескольких перерывов. Да, обед — это хорошо, но одним обедом сыт не будешь, тем более что❹ многие проводят в институтах около 8-10 часов. Чашка чая в среднем стоит около 15 рублей, булочка ещё 20, а хот-дог около 50. В итоге получается около 85 рублей.

Итог:

Проведя несложные математические вычисления, приходим к выводу, что

---

❶ проездной （即 проездной билет）乘车卡，月票
❷ грубый подсчёт 粗略的计算
❸ золотая середина 中庸（之道）
❹ тем более что 何况，况且，尤其因为

«стóимость» одногó дня среднестатистúческого москóвского студéнта составля́ет óколо 300 рублéй. Конéчно, подсчёты óчень грýбые, ведь у нéкоторых, скáжем, нет проезднóго на метрó, ктó-то добирáется до метрó пешкóм, а дéвушки, напримéр, потребля́ют значúтельно мéньше пúщи, чем вéчно голóдные ю́ноши. Но всё же, согласúтесь, живётся москóвскому студéнту нелегкó.

(15. 06. 2012)

课文三 一个大学生一天花多少卢布

可以想象一下，我们面前有一位年轻人，一所好学校的二年级大学生，他和父母一起住在莫斯科的寓所，父母中等收入，这个小伙子每月领取1300卢布奖学金。

交通：

很少有人住得离地铁如此之近——只需3—5分钟的路程，所以要到达（离家）最近的地铁站，大学生们就得乘坐地面交通工具。通常乘的是专线小巴，坐一趟平均花25卢布，25乘以2，那就是50卢布，然后再乘地铁。大学生的地铁月票是320卢布，除以30，每天大约10卢布。当然，这只是粗略的计算。但即使有月票，乘地铁毕竟不是免费的。用于交通的费用每天60卢布。

午餐：

在不同的大学里，一套午餐的价格是各不相同的，通常在110—200卢布之间，包括一盘热汤、一份菜泥、一个肉饼和一杯果汁。我们取平均值，一顿午餐就是150卢布。

补充营养：

肯定会有不少大学生还喜欢在几次课间休息时再吃点东西。午饭固然不错，但一顿午饭是填不饱肚子的，更何况很多人在学校里一待就是8—10个小时。一杯茶平均约为15卢布，再加上一个小面包20卢布，而一个热狗大约50卢布，合计约为85卢布。

结语：

通过简单的数学计算，我们得出结论：一个莫斯科大学生一天的平均花销约为300卢布。当然这只是很粗略的算法，因为，比如说，有些学生没有地铁月票，有些人是步行到地铁站去的，再比方说，女孩子吃得比那些老觉得饿的男孩子少多了。但您不能不承认，一个莫斯科大学生的生活毕竟还是不容易的。

2012年6月15日

УРОК 2

ДОСТУПНОЕ ЖИЛЬЁ — МЕЧТА КАЖДОГО РОССИЯНИНА
买得起住房——每个俄国人的梦想

Текст 1 — Не есть, не пить… На кварти́ру скопи́ть! (1)

Неда́вно междунаро́дное аге́нтство Bloomberg огласи́ло мирово́й и́ндекс недосту́пности жилья́. Москва́ в нём заняла́ «почётное» тре́тье ме́сто, уступи́в① лишь инди́йскому Мумба́ю и кита́йскому Шанха́ю. За́падные экспе́рты, пра́вда, исходи́ли из② свои́х реа́лий: в ка́честве③ ба́зы для расчётов они́ взя́ли сто́имость не са́мой скро́мной, по росси́йским поня́тиям, кварти́ры пло́щадью 100 кв. м в прести́жном райо́не.

«Комсомо́льская пра́вда» реши́ла соста́вить бо́лее приближённый к оте́чественным реа́лиям и́ндекс. За осно́ву мы взя́ли④ сре́днюю

скопи́ть сов./ска́пливать несов.	积蓄，攒钱
огласи́ть сов./оглаша́ть несов., офиц.	宣布，宣读
и́ндекс [дэ]	指数
экспе́рт	专家，鉴定人
реа́лия книжн.	现实，实际情形
расчёт [ащ]	计算，核算
прести́жный	有声望的，名贵的
одну́шка разг.	一居室
пане́ль [нэ] ж.	板式楼房；预制板
мери́ло книжн.	尺度，标准
регио́н	地区
откла́дывать несов./отложи́ть сов.	积攒，储存
недви́жимость ж.	不动产

сто́имость одну́шки в 36 кв. м в типово́й 12—16-эта́жной пане́ли в крупне́йших города́х Росси́и. А в ка́честве мери́ла досту́пности тако́го приобрете́ния — сре́днюю зарпла́ту в том и́ли ино́м⑤ регио́не. Ско́лько лет на́до рабо́тать на одну́шку в пане́ли, е́сли не есть, не пить и откла́дывать целико́м всю зарпла́ту, — см. ка́рту.

Как сле́дует из⑥ на́шего «и́ндекса одну́шки», сложне́е всего́ с жильём в Москве́, Санкт-Петербу́рге и Росто́ве-на-Дону́, крупне́йшем «перекрёстке всех доро́г» ю́га Росси́и. А са́мые досту́пные для ме́стных жи́телей кварти́ры — в Тюме́ни. Специали́сты ры́нка недви́жимости подтвержда́ют: в сравне́нии с Москво́й, Пи́тером и ю́гом страны́ спрос на недви́жимость на се́верах невели́к, а вот сре́дняя зарпла́та в той же⑦ Тюме́нской о́бласти лишь немно́го отстаёт от⑧ столи́чной. Кста́ти, как говоря́т экспе́рты, и в ряда́х

---

① уступи́ть кому́-чему́ 亚于，次于
② исходи́ть из чего́ 从……出发，根据……
③ в ка́честве чего́ 作为……
④ взять что за осно́ву 以……为基础
⑤ тот и́ли ино́й 任何一个；某一个
⑥ сле́довать из чего́ 由……得出（结论）
⑦ тот же 同一个，同样的
⑧ отстава́ть от кого́-чего́ 落后于……

покупа́телей столи́чной недви́жимости прие́зжие из нефтяны́х регио́нов — Тюме́нской о́бласти и Яма́ло-Не́нецкого АО⁹ — не на после́днем ме́сте.

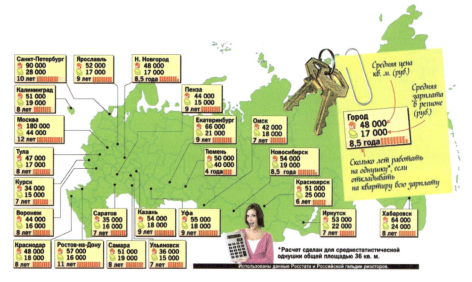

Наибо́льшие ша́нсы э́то сде́лать — у жи́телей «нефтяно́го» Се́вера, наиме́ньшие — у москвиче́й.

课文一 不吃不喝……攒钱买房！（1）

前不久，彭博国际新闻社公布了全球买房难度系数。其中，莫斯科"荣列"第三，仅次于印度孟买和中国上海。不过，西方专家们是以其自身的实际情况为出发点的，也就是说，他们的计算依据是高档社区里一百平方米住宅的价格，而不是俄国人观念里最简朴住宅的价格。

《共青团真理报》决定编制一份更为贴近本国现实的（相关）数据。我们以俄罗斯大型城市中典型的12—16层板式楼房36平方米的一居室作为（调查的）基础。而作为这一购房能力的（评估）标准，我们选取的是某一地区的平均工资。如果不吃不喝，把全部工资积攒下来，要工作多少年才能买得起板式楼的一居室呢？请见下图。

最容易做到的是北方"石油"地区的居民，最难做到的是莫斯科的居民。

⑨ АО — автоно́мный о́круг 自治区

城市	每平方米均价（卢布）	该地区平均工资（卢布）	攒下全部工资用于购房，需要多少年才能买得起一居室
圣彼得堡	90000	28000	10年
雅罗斯拉夫尔	52000	17000	9年
下诺夫哥罗德	48000	17000	8.5年
加里宁格勒	51000	19000	8年
奔萨	44000	15000	9年
莫斯科	180000	44000	12年
叶卡捷琳堡	66000	21000	9年
鄂木斯克	42000	18000	7年
图拉	47000	17000	8年
秋明	50000	40000	4年
新西伯利亚	54000	19000	8.5年
库尔斯克	34000	15000	7年
克拉斯诺亚尔斯克	51000	25000	6年
沃罗涅日	44000	16000	8年
萨拉托夫	35000	16000	7年
喀山	54000	18000	9年
乌法	55000	18000	9年
伊尔库茨克	53000	22000	7年
哈巴罗夫斯克	64000	24000	8年
克拉斯诺达尔	48000	18000	8年
顿河畔罗斯托夫	57000	16000	11年
萨马拉	51000	19000	8年
乌里扬诺夫斯克	36000	15000	7年

备注：以上统计数字基于总面积36平方米的一居室

　　从我们所做的"一居室指数"可以看出，（购买）住房最为困难的地方是莫斯科、圣彼得堡和俄罗斯南部最大的"道路交通要冲"顿河畔罗斯托夫。当地居民最买得起的住宅则是在秋明。（经）房地产市场专家们确认，与莫斯科、圣彼得堡以及南部城市相比，北方城市对房地产的需求量不大，而同样还是在秋明州，其平均工资与首都相比却相差不大。顺便提一下，正如专家们所言，在首都的房地产购买队伍中，来自石油地区——秋明州和亚马尔–涅涅茨自治区的外来户并非排在末尾。

Текст 2 Не есть, не пить... На квартиру скопить! (2)

Жители же большинства регионов, мечтающие обзавестись[1] квартирой в своём областном центре, несмотря на разницу зарплат и цен на жильё, находятся примерно в одинаковом положении: стоимость скромной однушки равняется[2] 7-9 годовым зарплатам. А поскольку в действительности, конечно же, всем надо и есть, и пить, и ещё детей растить, квартирный вопрос у большинства россиян и становится делом всей сознательной жизни. Ведь, как нетрудно подсчитать, если даже[3] на жильё (или на выплаты по ипотеке) откладывать половину зарплаты, для решения квартирного вопроса в среднем[4] потребуется 15-20 лет.

примерно нареч. 大约，大概
поскольку союз 因为，既然
ипотека 按揭，抵押购房
муниципальный 市政府所有的
вдаваться несов./вдаться сов. 深入，伸入
износ 损耗，磨损
провинциал 外省人

"По мировой практике, нормальной на рынке считается ситуация, когда стоимость одного квадратного метра примерно равна среднемесячному доходу человека", — утверждает Олег Репченко, глава аналитического центра рынка недвижимости.

Если следовать[5] этому «нормативу», в большинстве российских городов жильё переоценено как минимум в два раза. Почему же тогда оно упорно не падает в цене? Эксперты в ответ приводят такие цифры: в России на душу населения приходится[6] чуть более 22 квадратов жилья (учитывается и собственное жильё, и муниципальное). А в Германии — более 40 кв. м, в США — около 65 кв. м. Это, если не вдаваться в такие подробности[7], как качество этих самых квадратов и степень их износа. Короче, строить нам ещё и строить...

КСТАТИ

А так выглядит пятёрка самых недоступных по стоимости приличных квартир городов, по оценкам агентства Bloomberg. Подсчитывалось, сколько лет надо копить провинциалу на жильё в столице площадью 100 кв. м.

---

[1] обзавестись *чем, разг.* 购置
[2] равняться *чему* 等于，和……相等
[3] если даже 即使，即便是
[4] в среднем 平均
[5] следовать *кому-чему* 遵循，遵守
[6] на душу населения приходится *что* 按人口平均计算有……
[7] вдаваться в подробности 说详细的情形，细说

Мумба́й — 308 лет

Шанха́й — 233 го́да

Москва́ — 144 го́да

Ло́ндон — 136 лет

Гонко́нг — 96 лет

课文二　不吃不喝……攒钱买房！（2）

　　而大多数地区的居民要想在各自的州中心购置一套住宅，尽管在工资和房价上有着差异，但差不多都处于同样的境地：一套简朴的一居室的价格相当于7—9年的工资。可既然在现实生活中，大家都需要吃喝，还得养育子女，那么对于大多数俄国人来说，住房问题也就成了整个有理智的生活中的一件大事。其实不难算出，即使拿出一半的工资用于购房（或按揭付款），平均也得花15—20年的时间才能解决住房问题。

　　"按照国际惯例，当一平方米的价格约等于一个人的月均收入时，这样的市价被认为是正常的。"一家房地产市场分析中心主任奥列格·列普琴科如是说。

　　如果用这一"定额"来衡量，那么大多数俄国城市的房价至少超出了两倍。那房价究竟又为何居高不下呢？对此专家们列出了这样一组数据：俄国人均居住面积略多于22平方米（私房、公房全都算在内），德国为40多平方米，美国大约为65平方米。至于这些面积的质量和损耗度等因素，那就不必细说了。简而言之，我们需要建设再建设。

　　附言：

　　根据彭博社的评估，体面的住宅在价格上最让人承受不起的五座城市如下。可以算出，外省人需要积攒多少年才能在大都市购买一套100平方米的住房。

　　孟买——308年

　　上海——233年

　　莫斯科——144年

　　伦敦——136年

　　香港——96年

Текст 3 Что значит "доступное" жильё?

Коэффициент доступности жилья — это величина, которая позволяет оценить, за сколько лет семья со средним доходом сможет накопить на покупку квартиры, если все свои средства направит только на приобретение жилья. Рассчитывается как отношение средней рыночной стоимости стандартной квартиры (общей площадью 54 кв. м.) к среднему годовому доходу семьи (3 человека.). Этот показатель отражает фактически сложившееся соотношение между средними ценами на жильё и средними доходами.

Во всём мире принято считать жильё "доступным", если этот коэффициент не превышает 3 лет. "Не очень доступно" жильё при коэффициенте от 3 до 4 лет. "Приобретение осложнено", если коэффициент равен от 4 до 5 лет. Жильё "существенно недоступно" при коэффициенте более 5 лет. Причём за рубежом[1] в расчёт принимаются[2] более просторные апартаменты — площадью не менее 70 м.

По расчётам АИЖК[3], ситуация за последние годы в целом[4] по стране улучшилась. Жильё стало доступнее.

Независимые аналитики не столь оптимистичны. По данным аналитического агентства RWAY, в августе 2013 года в целом по России типовая 54-метровая квартира будет доступна через 4,48 года (если покупать её на первичном рынке), и через 5,12 лет (на вторичном). Картина по федеральным округам пёстрая: меньше всего времени нужно копить на приобретение нового жилья в Северо-Кавказском ФО (2,68 года), дольше всего — в Сибирском ФО (5,27 лет) и Северо-Западном ФО (6,16 лет). Среди крупных городов по "недоступности" лидирует Санкт-Петербург (7,48 лет). В Москве коэффициент доступности составляет 6,14 года.

коэффициент [иэ] матем. 系数，率
показатель м. 标志，指数
сложиться сов./складываться, слагаться несов. 形成，确立
апартамент 公寓式住宅，豪华的户室
оптимистичный 乐观的
федеральный 联邦的
округ 区
лидировать несов., сов. 领先，占先

---

[1] за рубежом 在国外
[2] приниматься в расчёт （被）考虑，受到注意
[3] АИЖК — Агентство по ипотечному жилищному кредитованию 住房抵押贷款代办处
[4] в целом 总的来说

课文三　何为"买得起"住房？

住房购买力指数是指一个中等收入的家庭将所有钱财只用于买房，需要积攒多少年才能够购置一套住宅的评价系数。所考虑的是一套标准住宅（总面积54平方米）的平均市价与一个家庭（三口之家）年均收入的关系。这一指标反映出住房均价与平均收入之间实际形成的相互关系。

国际上通常认为，如果这一指数不超过3年，那么就算是"买得起"住房；如果指数为3—4年，便算作"不怎么买得起"；指数为4—5年，则算作"买房困难"；超过5年，则算是"完全买不起"。不仅如此，在国外，计算的对象通常是更为宽敞的不少于70平方米的公寓式住宅。

根据住房抵押贷款代办处的统计，近年来国内情况总体上有所好转。（人们）开始买得起住房了。

独立分析师们却并不这么乐观。根据ＲＷＡＹ评估公司的数据，2013年8月在俄国买得起标准的54平方米的住房，总体上需要4.48年（如果是在初级市场买房）和5.12年（如果是在次级市场）。（当然）各联邦区情况不一：购置一套新房所需时间最少的是北高加索联邦区（2.68年），最长的是西伯利亚联邦区（5.27年）和西北联邦区（6.16年）。在"买不起住房"的大城市（排名）中，圣彼得堡占据首位（需要7.48年），而莫斯科则需6.14年。

УРОК 3

ЗА ЧТО РОССИЯНЕ ГОТОВЫ ПЛАТИТЬ ВРАЧАМ?
俄国人打算给医生支付哪些费用?

Текст 1 Допла́чивать ещё за что́-то не собира́юсь!
— так отве́тили большинство́

«Комсомо́льская пра́вда» провела́ иссле́дование, что́бы вы́яснить, как гра́ждане отно́сятся к введе́нию пра́вил о пла́тных медици́нских услу́гах.

С 1 января́ 2013 го́да в на́шей стране́ на́чало де́йствовать постановле́ние прави́тельства об оказа́нии пла́тных медуслу́г. Тепе́рь госуда́рственные и муниципа́льные больни́цы и поликли́ники впра́ве официа́льно брать де́ньги с гра́ждан. Хотя́, как подчёркивает Минздра́в, при э́том[1] ни в ко́ем слу́чае[2] не должны́ наруша́ться права́ гра́ждан на беспла́тную медици́ну, а за пла́ту бу́дут предоставля́ться лишь дополни́тельные, повыша́ющие комфо́рт услу́ги. Правозащи́тники, одна́ко, опаса́ются, что врачи́ ста́нут любы́ми спо́собами подта́лкивать гра́ждан к тому́, что́бы пойти́ и́менно по пла́тному пути́. В то же вре́мя[3] юри́сты соглаша́ются, что но́вые пра́вила мо́гут помо́чь упоря́дочить на́ши де́нежные отноше́ния с врача́ми, давно́ уже́ сложи́вшиеся (установи́вшиеся) на пра́ктике…

А что ду́мают са́ми гра́ждане? Гото́вы ли мы плати́ть врача́м и, е́сли да, то за что? «Комсомо́льская пра́вда» провела́ опро́с на са́йте kp.ru, предложи́в 5 возмо́жных отве́тов. Та́кже мы попроси́ли чита́телей вы́сказаться и объясни́ть своё мне́ние.

> постановле́ние 决定，决议
> муниципа́льный 市政府（所属）的
> комфо́рт 舒适
> подта́лкивать несов./подтолкну́ть сов. 促使，推动
> опро́с 调查，询问
> нало́г 税

«Я и так ежеме́сячно плачу́ нало́ги, в том числе́[4] — на здравоохране́ние, поэ́тому допла́чивать ещё за что́-то не собира́юсь!» — так отве́тили большинство́ — 48% уча́стников опро́са.

Смотри́те са́ми: обору́дование и помеще́ния поликли́ник — госуда́рственные, т.е. опла́ченные за счёт[5] госуда́рственных де́нег, из на́ших нало́гов. Е́сли хоти́те ока́зывать

---

[1] при э́том 在这种情况下
[2] ни в ко́ем слу́чае 无论在什么情况下（都不），无论如何也（不）
[3] в то же вре́мя 与此同时；然而
[4] в том числе́ 其中包括
[5] за чей (како́й) счёт 由……负担（费用），用……的钱

платные медуслуги, постройте своё здание (или оплатите арендой), закупите оборудование, расходные материалы. А в государственных поликлиниках, где нами всё оплачено, медпомощь может быть только бесплатной.

аренда 租金, 租赁
расходный 消耗的, 支出的

С учётом того, что налоги на бесплатную медицину с нас берут ежемесячно, платить в муниципальных больницах мы не должны. Россия — богатая страна, и на бесплатное медобслуживание и образование её граждане уж точно имеют право!

Вводя платные медуслуги в государственных поликлиниках и больницах, государство показывает свою слабость, неспособность платить за здоровье своих граждан. Я сам врач. Врачи тоже платят эти налоги, не надо выставлять их врагами[6]. Но зарплаты такие, что врачи вынуждены «голосовать ногами[7]» и уходить в платные медцентры, чтобы было на что жить.

---

[6] выставлять кого-что кем-чем 把……说成, 把……描写成（如：выставлять себя учёным〈把自己说成学者〉。）
[7] голосовать ногами разг. 不再参加某项活动（以示抗议、反对），不玩了

课文一 我可不想额外再交什么钱了！——大多数人如是回答

为了摸清国民对于实行付费医疗服务条例的看法，《共青团真理报》做了一次调查。

从2013年1月1日起，政府关于提供付费医疗服务的决定在我国开始生效。现在国立和市立医院及门诊部有权向国民正式收取费用。不过，正如卫生部所强调的那样，国民享受免费医疗的权利绝不会因此而受到侵害，因为收费部分仅限于提高舒适度的附加服务。然而，维权人士们还是担心，医生们将会采用各种手段促使国民步入付费之路。与此同时，律师们也承认，新条例将有助于整顿实际上在医患之间早已形成（建立）的金钱关系。

而国民自身又是怎么想的呢？我们是否打算向医生支付费用，如果是，那又是为了什么？《共青团真理报》在kp.ru网站上做了调查，提供了5种可能的答案。我们也请读者们发表意见，并解释一下自己的看法。

"我每个月都缴税了，其中就包括了（医疗）卫生税费，所以我不准备额外再交任何费用了！"大多数——有48%的被调查者如是回答。

请你们自己看一看：门诊部的设备和场地都是国家的，也就是说，是用国家的钱——从我们缴纳的税中支付的。如果你们想把医疗服务搞成付费的，那就应当自己盖楼（或付租金），购买设备及耗材。而在我们承担所有开支的国营门诊医院里，看病只能是免费的。

考虑到国家每个月都向我们收取用于免费医疗的税费，我们在市立医院里看病也不应该付费。俄罗斯是一个富有的国家，其国民理应享有免费医疗和教育的权利！

在国营的门诊部和医院里实行付费医疗，国家显示出自身的不足，无力为本国公民的健康承担费用。我本人就是医生，医生也要缴纳这些税费，不应该把他们当作敌人。但工资就这么一点儿，医生们不得不"退出"，去收费的医疗中心（工作），以便养家糊口。

kp.ru网站调查（结果）

我不愿意向医生支付任何费用，因为我缴纳的税款中已含（医疗）卫生费	48%
为获得快速优质的医疗服务我可以付费	18%
为了享受到高端的诊察方式和先进的治疗手段（我可以付费）	17%
为了享受到附加的舒适条件和优先治疗（我可以付费）	11%
为了亲人的健康我可以付出一切	6%
说明：有2696人参与了kp.ru网站调查	

Текст 2 За быструю и качественную медпомощь можно всё-таки доплатить — на это согласны 18% опрошенных

Не платишь — не лечат, заплатишь — тебя хоть полечат. Я считаю, что при любом раскладе лучше платить лично врачу, а не в бездонную яму в виде государственных денег на здравоохранение.

Я врачам готова платить, потому что за пару своих визитов в поликлинику поняла, что за бесплатно❶ с тобой только грубо разговаривают.

Мы всей семьёй «сломались»❷ на районной медицине❸ несколько лет назад. Купили себе полисы ДМС❹ с прикреплением к хорошей ведомственной поликлинике, у мужа ещё и госпитализация включена. Ни разу не пожалели. Теперь лечимся как люди.

17% готовы платить за современные обследования, новейшие методы лечения и лекарства последнего поколения.

6 лет назад у меня была плановая операция❺. Накануне подошла старшая медсестра❻ и сказала: у нас есть всё, предусмотренное полисом ОМС❼, но в аптеке есть импортные лекарства, которые намного лучше и действеннее — к сожалению, мы их не получаем, если хотите, дам вам список. Я взяла этот список и купила лекарств почти на 5 тысяч рублей. Ни на секунду не пожалела о потраченных деньгах. Соседке по палате, не купившей этот набор (просто, как она сказала, из принципа), вкалывают 5 огромных шприцев, а мне — из «платной» коробочки — один шприц с тончайшей, как волосок, иглой. Соседка воет от боли, когда ей отдирают пластырь со свежего шва, а я и не заметила этого, у меня рассасывающийся пластырь.

расклад *разг.* 情况，状况
полис 保险单
ведомственный 政府部门的
предусмотреть *сов.*/предусматривать *несов.* 规定；预见到
набор 一套
вкалывать *несов.*/вколоть *сов.* 扎入，插入，刺入
шприц 注射器
отдирать *несов.*/отодрать *сов.* 撕下，扯下
пластырь *м.* 膏药，药布，胶布
шов 缝合处
рассасываться *несов.*/рассосаться *сов.* 消散，消解

---

❶ за бесплатно 因为免费（为口语用法。）
❷ сломаться（精神或体力上）挺不住，垮掉（用于此意时带有口语色彩。）
❸ на районной медицине 是口语用法，正式说法为 в районных медицинских учреждениях（在区医疗机构）。
❹ ДМС — добровольное медицинское страхование 自愿医疗保险
❺ плановая операция *мед.* 择期手术（指在一段不太长的时间内，不会因手术的迟早而影响治疗效果，容许术前充分准备，达到一定的标准条件，再选择最有利的时机施行手术。）
❻ старшая медсестра 护士长
❼ ОМС — обязательное медицинское страхование 义务医疗保险

Из э́тих мелоче́й сложи́лся ито́г: я на вторы́е су́тки по́сле опера́ции свои́ми нога́ми пошла́ домо́й, а сосе́дка на

вы́гадать сов./выга́дывать несов., разг. 占便宜，得利
пе́речень м. 清单，目录

пя́тый день е́ле вста́ла. А на 8-й день у неё начали́сь осложне́ния. И кто из нас вы́гадал в деньга́х? Врачи́ и сёстры в ситуа́ции с мое́й сосе́дкой не винова́ты. Ну не вхо́дят э́ти лека́рства в пе́речень для страхово́го по́лиса. Вот за таки́е ве́щи я согла́сна плати́ть и бу́ду плати́ть всегда́.

课文二 为获得快速优质的医疗服务还是可以额外付费的——18%的被调查者对此表示认同

你不付钱——人家就不给你治病，你付了钱——至少会给你治一治。我认为，无论在什么情况下，最好是把钱付给医生本人，而不是扔进一个无底洞——用于国家投入（医疗）卫生的资金。

我是打算给医生付费的，因为两次去门诊看病的经历让我明白，你不付费，他们和你说话时就不会给你好脸色看。

我们全家几年前在区医院被弄得焦头烂额。（后来）我们给自己买了自愿医疗保险，所指定的门诊是一家好的机关诊所，我丈夫还买了住院险。我们从未后悔过。现在我们可以得到应有的治疗。

17%的被调查者打算为享受到现代化的诊察方式、先进的治疗手段，以及使用新型药物而付费。

6年前，我曾做过择期手术，手术前一天，护士长过来对我说："我们这里有义务医疗保险单中规定的所有药品，但药房里还有好得多、有效得多的进口药物，不过遗憾的是，我们拿不到，如果您要的话，我可以把药品清单提供给您。"我拿了这份清单，买了近5000卢布的药。尽管花了不少钱，但我一点儿也不心疼。我同室的邻床病人没有买这一套药品（用她的话说，还是要按原则办事），就挨了5大针，而我就挨了一针，用的针头是我"自费购买的"小盒子里的，细如发丝。当（护士）把膏药从邻床病人那刚缝合好的伤口上撕下来的时候，她疼得直叫唤。而我对此却没有感觉，我用的是自行消解的膏药。这些小细节产生了（不同）的结果：我手术后的第二天就自己步行回家了，而我的邻床到了第5天才勉强能站起来，第8天又出现了并发症。（你说）我们俩究竟谁在钱上占了便宜？医生和护士在处理我邻床的问题上没什么过错。可这些药物不在医保所列清单之中。所以我愿意支付这些药物的费用，并将一直支付下去。

Текст 3 **Мнение эксперта**

Ирина Ильченко, член Комиссии по контролю за реформой здравоохранения Общественной палаты РФ:

— Исследование «КП» отражает реальную картину. Половина граждан не готова оплачивать медуслуги потому, что у них вся зарплата уходит на питание, транспорт, оплату света, воды и тепла. В то же время немало граждан — около 20% — готовы доплачивать за быстроту и качество медпомощи. В основном это работающие граждане, которые не могут выстаивать[1] очереди в поликлинике, им проще отдать деньги, чем рисковать потерей работы из-за опозданий. Также люди готовы платить за новейшие методы лечения, которые государство не может предлагать всем из-за высоких цен.

В целом опросы подтверждают: введение платных медуслуг оправданно, поскольку востребовано частью населения[2]. А те, кто не может (не хочет) платить, в любом случае[3] сохраняют право на бесплатную медпомощь.

комиссия 委员会
палата 局，厅，院
индивидуальный 个人的，单独的
сиделка 护理员，助理护士
стандартный 标准的
анонимный 匿名的
законодательство 法律

ВЫ ДОЛЖНЫ ЗНАТЬ ЭТО
Когда с нас могут брать деньги

В Правилах предоставления платных медуслуг перечислены ситуации, когда государственные медучреждения вправе брать деньги с граждан. Основные случаи:

√ установление индивидуального поста медицинского наблюдения (проще говоря, постоянный присмотр сиделки);

√ предоставление лекарств, не входящих в перечень жизненно необходимых и важнейших (кроме случаев, когда больной страдает индивидуальной непереносимостью лекарств из стандартного списка — тогда ему бесплатно обязаны выдать подходящую замену);

√ анонимное обращение за медпомощью (кроме случаев, предусмотренных законодательством — например, обследование на ВИЧ[4] делается бесплатно, в том числе

---
[1] выстаивать（接что或无补语）站立（若干时间）（如：выстаивать очередь за билетом〈为了买票排好长时间的队〉, выстаивать несколько часов на дороге〈在路上一连站几小时〉。)
[2] 这一分句的主干结构为：введение... востребовано кем, 其中востребовано一词用作нужно的同义词，具有公文色彩。
[3] в любом случае 在任何情况下
[4] ВИЧ — вирус иммунодефицита человека 人类免疫缺陷病毒

анони́мно);

√ при самостоя́тельном обраще́нии за медпо́мощью — наприме́р, е́сли больно́й хо́чет напряму́ю попа́сть к врачу́-специали́сту (наприме́р, кардио́логу) без направле́ния терапе́вта.

> кардио́лог 心脏病专家，心脏病大夫
> терапе́вт 内科医生

课文三　专家观点

伊琳娜·伊利琴科，俄联邦社会院卫生改革监督委员会委员：

《共青团真理报》的调研反映的是现实图景。有半数的国民不愿意为医疗服务支付费用，这是因为他们所有的工资都用在了饮食、交通上，付了电费、水费和暖气费。同时也有不少国民——大约20%——打算为快速优质的医疗服务额外支付费用。这些人基本上都是上班族，他们无法在门诊部排好长时间的队，交钱总比因为迟到而有可能丢掉工作强——这对他们来说再也简单不过了。还有人准备为享受到先进的治疗手段支付费用，而这些治疗手段因费用昂贵，国家无法为所有人提供。

总体看来，调查证明：实行付费医疗服务是合理的，因为部分居民有这样的需求。而那些付不起（或不愿意付费）的人在任何情况下都可保留享受免费医疗的权利。

相关注意事项（在何种情况下才可以向我们收取费用）

在提供付费医疗服务的条例中列举了国有医疗机构有权向公民收取费用的各种情况。其主要情形有：

√ 设置医疗观察的单人岗位（说白了，就是一直有护理员看护）；

√ 提供未列入日常必备药品清单的药物（除非病人对标准清单中的药物有个别过敏反应〈在此种情况下应向其免费提供适当的替换药物〉）；

√ 匿名就医（法律规定的有关情形除外，例如，对人类免疫缺陷病毒的诊察是免费的，也可以是匿名的）；

√ 自行就医，例如，病人不通过内科大夫想直接找专科医生（如，心脏病专家）看病。

УРОК 4

КАК ВЫГОДНО СПЛАНИРОВАТЬ ОТПУСК В 2013 ГОДУ
如何合理有利地安排 2013 年休假

Текст 1 Разбираемся со① сроками и направлениями

Пора-пора уже летний отпуск планировать. Сроки с коллегами обсудить, экономичные варианты присмотреть② — тем более что③ турагентства завлекают④ скидками за раннее бронирование. Какие новинки ожидают россиян этим летом?

Хорошая новость: отпусков у вас в этом году на один больше. С чего вдруг? Так сложился перенос праздничных дней, что⑤ в мае-2013 у нас будет аж 9 выходных. Почти как на Новый год! Правда⑥, с перерывом в три дня:

— 5 дней на Первомай⑦ (со среды, 1.05, до воскресенья, 5.05);
— 4 дня на День Победы⑧ (с четверга, 9.05, до воскресенья, 12.05).

Если взять три дня "в счёт⑨ отпуска", получатся 12-дневные каникулы! А дальше всё зависит от⑩ количества денег и желания:

можете себе позволить⑪ внеочередное путешествие на 10-12 дней? Учтите: в Турции, Греции, Испании, на других средиземноморских курортах и на нашем Чёрном море купаться ещё холодно. За пляжным отдыхом в это время — вот куда: Египет, Израиль, Таиланд и другие страны Юго-Восточной Азии, Иордания, Куба;

начальство не даёт "склеить" майские праздники в длинные? На 4-5 дней можно придумать интересную поездку по России или слетать в одну из европейских столиц.

> турагентство [цтв] 旅行社，旅游代办处
> бронирование 预订，预留
> новинка 新消息，新事物，新现象
> аж *частиц., прост.* 甚至
> Таиланд 泰国
> склеить *сов.*/склеивать *несов.* 粘在一起，黏合

---

① 动词 разбираться 多与 *в ком-чём* 连用，口语中也可与 *с кем-чем* 连用，表示 "了解，弄清有关某人、某事的情况"。
② 动词 присмотреть *(кого-что)* 此处用于转义，意为 "挑选，找（合适的）"，用于此义时具有口语色彩。
③ тем более что 何况，况且，尤其因为
④ завлекать *(кого) чем* 用……诱惑（某人）
⑤ так..., что... 如此……，以致……
⑥ правда 此处用作让步连接词，意为 "虽然，尽管"，用于此义时具有口语色彩。
⑦ Первомай 五一（劳动）节
⑧ День победы 胜利日（1945年5月8日午夜，纳粹德国宣布无条件投降，此时苏联时间已经是5月9日，因此，美、英、法等国把5月8日定为第二次世界大战欧洲胜利日，苏联则确定5月9日为战胜德国法西斯纪念日，即卫国战争胜利日。1995年4月19日，俄罗斯联邦国家杜马<议会下院>通过了永久纪念胜利日的法令，规定5月9日为全民性节日，全国放假一天。）
⑨ взять *что* в счёт *чего* 把……算在……账上；把……列入……之内
⑩ зависеть от *кого-чего* 取决于……，由……决定
⑪ позволить себе 敢于，（不顾……）去干

课文一 我们来了解一下假期和（旅行）线路

已到安排夏季休假的时候了。（最好）和同事们商量一下休假的日期，看一看有没有经济实惠的方案，更何况旅行社正在用早订优惠来招揽（游客）。那么今年夏天对俄国人来说（与往年）有什么不同呢？

有个好消息：今年你们多了一天的假期。怎么会的呢？原来是节日调休造成的。2013年5月我们居然会有9天的假期，近乎新年的假期了！只是中间要隔三天：

——五一节放5天（5月1日到5日，从周三到周日）；

——胜利日放4天（5月9日到12日，从周四到周日）。

要是把这三天也"计到假期的账上"，那就有12天假啦！接下来就看（你）有多少钱，有什么想法了：

能否敢于临时安排一次10到12天的旅行？（不过）要注意：要是在土耳其、希腊、西班牙和其他的地中海疗养胜地，以及我国的黑海游泳的话，那还是挺冷的。这个季节想去浴场休息，可去埃及、以色列、泰国和东南亚其他国家，以及约旦、古巴；

（单位）领导不让五月的两个节日"连成"长假该怎么办？可以想个方案，用4–5天的时间趣游俄罗斯或者飞一趟欧洲某个国家的首都。

Текст 2 Виз прибáвится и убáвится^❶ (1)

Изменéния в вáши отпускны́е плáны мóгут внести́ ви́зовые **нóвшества Хорвáтия**. Здесь безви́зовая мали́на^❷ закóнчилась — Хорвáтия вступáет в Евросою́з. И с 1 апрéля нам придётся оформля́ть ви́зу в **кóнсульстве** э́той **балкáнской** страны́. Ви́за бу́дет национáльной хорвáтской, а не шенгéнской^❸ — то есть в сосéднюю Венéцию и́ли Словéнию вас по ней не пу́стят.

нóвшество	新情况，新办法
Хорвáтия	克罗地亚
кóнсульство	领事馆
балкáнский	巴尔干的

❶ убáвиться（数量）减少（用于无人称句时，接 чего）
❷ мали́на 此处用于转义，意为"美事，令人愉快的事情"，用于此义时具有俗语色彩。
❸ шенгéнская ви́за 申根签证（指根据申根协议而签发的签证。该协议由于在卢森堡的申根签署而得名。据此协议，任何一个申根成员国签发的签证，在所有其他成员国也被视作有效，而无需另外申请签证。而实施这项协议的国家便是通常所说的"申根国家"。截至2013年底，共有26个申根国：奥地利、比利时、丹麦、芬兰、法国、德国、冰岛、意大利、希腊、卢森堡、荷兰、挪威、葡萄牙、西班牙、瑞典、匈牙利、捷克、斯洛伐克、斯洛文尼亚、波兰、爱沙尼亚、拉脱维亚、立陶宛、瑞士、列支敦士登和马耳他。）

Послабление лишь одно: если у вас есть действующий шенген, с ним можно поехать в Хорватию, не оформляя тамошнюю визу. Но и такой фокус возможен лишь до 1 июля.

Греция. Из-за экономического кризиса греки готовы ставить визы так же запросто, как в Египте. Ты им 35 евро на границе — они тебе штамп в паспорт. Для эксперимента выбрали пять островов: Родос, Кос, Самос, Лесбос и Хиос. Они расположены в Эгейском

тамошний *разг.*	那里的，当地的
фокус	不寻常的事情（现象）；魔术
грек	希腊人
евро *нескл., м.*	欧元
штамп	印章，戳子
паром	渡船，轮渡
расчёт [ащ]	用意；计算
чартер [тэ]	包机，包乘的飞机

море, неподалёку от берегов Турции, и из Турции туда ходят паромы. Экскурсантам греки дали возможность получать визы непосредственно в порту. Расчёт понятен: глядишь, понравится у нас, будущим летом не в Анталью поедут, а на Родос.

Этим летом пассажиры паромов, прибывающих на перечисленные острова, снова смогут получить визу на месте. Мало того④ — ту же радость обещают в портах Санторини и Миконоса. И даже в аэропортах Родоса и Коса, куда прилетают чартеры из России.

课文二 （需要办理）签证（的国家）有增有减（1）

（一些国家的）签证新政策可能会使您的休假计划发生改变。

克罗地亚。此地不再有免签的好事了——克罗地亚即将加入欧盟。从4月1日起我们也不得不在这个巴尔干国家的领事馆办理签证了。签证只是克罗地亚本国的，而不是申根签证——也就是说，持这一签证您去不了邻国的威尼斯或斯洛文尼亚。只有一点是可以通融的：您如果持有有效的申根签证，则无需办理克罗地亚的签证即可前往该国，不过这种不合常理的事情也只能持续到7月1日。

希腊。由于经济危机，希腊人打算像埃及那样简化签证手续，你只需在入境处向他们交付35欧元，他们就在你护照上盖戳子。他们选了五个岛屿用来试行：罗得岛、科斯岛、萨摩斯岛、莱斯沃斯岛和希俄斯岛。它们都分布在爱琴海上，距土耳其海岸不远，所以也可以从土耳其坐渡船过去。希腊人直接在港口给旅游者办理签证，用意很清楚：你来看一下，如果喜欢我们这里，明年夏天就不用去安塔利亚，就来罗得岛吧。

今年夏天乘坐渡船来上述岛屿的游客，可以再次在当地获得签证。此外，圣托里尼岛和米科诺斯岛的港口也会有同样的好事儿。甚至有包机从俄国飞抵罗得岛和科斯岛的机场。

---

④ мало того *разг.* 除此以外，此外，不仅如此

Текст 3 Виз прибáвится и убáвится (2)

Чéхия и Словáкия. До сих пор❶ чéхи и словáки не баловáли нас "длинными" визами — стáвили тóлько на врéмя поéздки, день в день❷. С 2013 гóда тáмошние дипломáты пообещáли стáвить многокрáтный шенгéн нá год или на два тем, у когó в пáспорте ужé есть однá мультивиза или две однокрáтные.

Китáй. А Китáй с января отменил визы. Прáвда, на 72 часá. И тóлько для тех, кто с пересáдкой летит чéрез Пекин и Шанхáй. Нýжен тóлько авиабилéт в другýю странý:

баловáть несов. 以……使满意（开心）
мультивиза спец. 多次入境签证

напримéр, чéрез Шанхáй вы летите в Япóнию или Австрáлию. Обрáтный билéт в Россию не считáется, как и билéт в другóй китáйский гóрод. Штýка полéзная: за трóе сýток в кáждом гóроде мóжно увидеть все основные достопримечáтельности. Не забýдьте, что попáсть в Поднебéсную❸ мóжно тáкже по групповым безвизовым спискам — это удóбно для тех, кто путешéствует с пóмощью❹ турфирм.

(11 мáрта 2013)

---

❶ до сих пор 到现在，迄今
❷ день в день 一天也不差地
❸ Поднебéсная 天下，普天之下（在俄语中多用作"中国"的同义词。）
❹ с пóмощью кого-чего 在……帮助下，借助于……

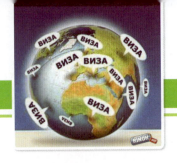

课文三 （需要办理）签证（的国家）有增有减（2）

捷克和斯洛伐克。截至目前，捷克人和斯洛伐克人一直未让我们享用"长期"签证，他们提供的期限只够旅游的，一天也不多给。那里的外交官承诺从2013年起向已有一个多次入境签证或两个一次性签证的护照持有者提供为期一年或两年的多次申根签证。

中国。中国从一月份就免签了，尽管只能逗留72小时，而且仅仅是对那些在北京和上海中转的游客。只需要出示前往其他国家的机票，比如经上海飞往日本或澳大利亚。返回俄国及飞往中国其他城市的机票则不在此列。这是一件很划算的事情：三天时间在任何一个城市都可以看到所有主要的景点。别忘了，组团去中国也是免签的，这对那些借助旅游公司出游的人来说很方便。

（2013年3月11日）

我们最常去休假的10个国家

国家	人数	百分比
土耳其	230.5万	−7%
埃及	122.5万	+35%
中国	98万	−11%
西班牙	69万	+22%
希腊	65万	+14%
泰国	55.6万	+8%
德国	53.4万	+1%
意大利	46.3万	0%
芬兰	39万	−43%
保加利亚	37万	+14%

备注：本表采用的是俄联邦国家统计局对2012年前9个月所统计的数据。百分比显示的是前往各国的俄国旅游者人数与2011年同期相比的变化情况。

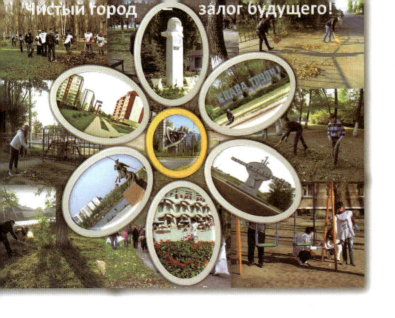

УРОК 5

КОМУ НА РУСИ ЖИТЬ ХОРОШО?[1]
谁在俄罗斯能过好日子？

---

[1] Кому́ на Руси́ жить хорошо́? 谁在俄罗斯能过好日子？（这一标题借自俄罗斯杰出诗人涅克拉索夫〈1821—1878〉代表作的篇名。其中的Русь〈罗斯〉在11—17世纪俄国史书中通指俄罗斯国家。）

Текст 1 Опрос: «Чувствуете вы себя счастливым в вашем городе?»

Так называемый[1] «Индекс счастья российских городов» составлялся в зависимости от[2] числа положительных ответов на ряд вопросов. У людей, которые отвечали на вопросы, интересовались — «Довольны ли вы своим материальным положением?», «Довольны ли вы экологией города?», «Чувствуете себя в безопасности в своём городе?», «Довольны ли вы темпами развития вашего города?», «Довольны ли вы уровнем городского порядка на улицах и площадях?» и «Чувствуете вы себя счастливым в вашем городе?».

Лидирующие в рейтинге Грозный и Белгород (девятое место в общем зачёте) оказались лишь на третьем месте по числу тех, кто «чувствует себя счастливым в своём городе»: на данный вопрос положительно там ответили по 80% людей, которые отвечали на вопросы. Второе место (82% довольных) в этой группе занял Калининград. Первое разделили Сочи и Ростов-на-Дону (84%). На последнем месте в этой группе — Норильск, Южно-Сахалинск и Чита, где «счастливых» по 60%.

| экология 生态 |
| лидирующий 领先的 |
| рейтинг 排行榜 |
| пункт (文件、报告中的) 点, 条, 项 |

Высокий уровень экологии способен существенно повлиять на настроение граждан. Менее всего[3] довольных экологией — в Братске (3%), Норильске (4%) и Магнитогорске (8%). Более всего[4] — в Смоленске (69%), Грозном (68%) и Сочи (65%).

По данным исследования, больше всего довольных своим материальным положением оказалось в Нижневартовске (66%), Тюмени (65%) и Норильске (59%). Менее всего — в Махачкале (11%), Комсомольске-на-Амуре (13%) и Шахтах (14%).

Ещё один пункт опроса — безопасность. Чаще других чувствуют себя в безопасности жители Рязани (64%), Тюмени и Белгорода (по 63%), а также Сочи (62%). Судя по[5] опросу, наименее безопасно в России в Братске (15%), Перми (20%), Магнитогорске и Чите (по 23%).

Москва находится в середине списка (52-е место): там довольны экологией лишь 13%, безопасно чувствуют себя 32%, довольны порядком на улицах и площадях города

---

[1] так называемый （被）称作……的，叫作；所谓的
[2] в зависимости от *чего* 根据，依据
[3] менее всего 完全不，一点也不
[4] более всего 最，极
[5] судя по *чему* 根据……（来判断），从……来看

42%, зато́ материа́льным положе́нием дово́льны 67% жи́телей, а счастли́вы жить в столи́це 62% опро́шенных.

(31 а́вгуста 2012)

课文一　调查（问卷）："在您（居住）的城市您感到幸福吗？"

所谓"俄国城市幸福指数"，是根据对调查问卷给出肯定回答的数量而产生的。答题者感兴趣的问题有："您对自己的经济状况是否满意？""您对您城市的生态环境是否满意？""在您的城市里您是否觉得安全？""您对您城市的发展速度是否满意？""您对街道和广场上的城市公共秩序是否满意？"和"在您（居住）的城市您感到幸福吗？"

格罗兹尼和别尔哥罗德之所以榜上有名（总分排名第九位），就是因为对于"在您（居住）的城市您感到幸福吗？"这一问题给出肯定回答的市民人数都占80%，位居第三。在该组中加里宁格勒位居第二（满意者为82%）。索契和顿河畔罗斯托夫并列第一（84%）。该组的最后一名是诺里尔斯克、南萨哈林斯克和赤塔，这三个城市中"感到幸福的人"皆为60%。

高标准的生态环境对公民的心情极具影响力。（市民）对生态环境最不满意的城市是，布拉茨克（3%）、诺里尔斯克（4%）和马格尼托哥尔斯克（8%）。最满意的城市是斯摩棱斯克（69%）、格罗兹尼（68%）和索契（65%）。

调查数据显示，市民对自己经济状况最满意的城市是：下瓦尔托夫斯克（66%）、秋明市（65%）和诺里尔斯克（59%）；最不满意的城市是：马哈奇卡拉（11%）、阿穆尔河畔共青城（13%）和沙赫特（14%）。

调查问卷中还有一项——安全感。较之其他地方，安全感更强的是梁赞（64%）、秋明和别尔哥罗德（63%）以及索契（62%）的居民。据调查，俄罗斯最缺乏安全感的（城市）是布拉茨克（15%）、彼尔姆（20%）、马格尼托哥尔斯克和赤塔（23%）。

莫斯科排在中间位置（第52位）：只有13%的人对生态环境感到满意，32%的人有安全感，42%的人对城市街道和广场上的公共秩序感到满意，不过有67%的居民对（自己的）经济状况感到满意，62%的被调查者觉得生活在首都是幸福的。

（2012年8月31日）

Текст 2 Ра́зница в у́ровне жи́зни ме́жду Москво́й и прови́нцией сохраня́ется (1)

По да́нным неда́внего иссле́дования Госуда́рственного комите́та Росси́йской Федера́ции, сре́дний жи́тель Росси́и зараба́тывает о́коло 200 е́вро в ме́сяц. Печа́льно вы́глядят на э́том фо́не да́нные по прови́нциям: в не́которых регио́нах су́мма сре́дней зарпла́ты составля́ет ме́нее 100 е́вро.

Ме́ньше всего́ зараба́тывают жи́тели Ива́ново, а та́кже❶ жи́тели респу́блик Калмы́кия и Адыге́я — 3000 рубле́й (90 е́вро). Интере́сно то, что и президе́нт Калмы́кии Кирса́н Илюмжи́нов, и президе́нт Адыге́и Хазре́т Совме́н вхо́дят в спи́сок богате́йших люде́й Росси́и.

> упа́док 衰落，衰退
> исключе́ние 例外
> обозрева́тель 评论员
> благосостоя́ние 福利

А ме́жду тем❷ в Ива́ново ме́стные вла́сти безуспе́шно пыта́ются останови́ть упа́док о́бласти, кото́рая в сове́тские времена́ была́ крупне́йшим це́нтром страны́ по произво́дству тка́ней.

Бо́лее высо́кий жи́зненный у́ровень в кру́пных города́х, в Сиби́ри и на Да́льнем Восто́ке

Бы́ло бы непра́вильным ду́мать, что ни́зкий у́ровень жи́зни наблюда́ется во всех без исключе́ния❸ росси́йских регио́нах. Вме́сте с Москво́й и Санкт-Петербу́ргом доста́точно высо́ким, жи́зненным у́ровнем мо́гут похвали́ться❹ бога́тые не́фтью Тюме́нская о́бласть, Ха́нты-Манси́йский и Яма́ло-Не́нецкий автоно́мные округа́, а та́кже дальневосто́чные регио́ны Росси́и.

Алекса́ндр Юров, полити́ческий обозрева́тель РИА❺ "Но́вости", ука́зывает на бу́рный рост строи́тельства домо́в и кварти́р в Росси́и, что, в свою́ о́чередь❻, свиде́тельствует о ро́сте благосостоя́ния гра́ждан. "То́лько за после́дний год объёмы строи́тельства домо́в и кварти́р возросли́ на 6,3%, бы́ло постро́ено 515 тыс. кварти́р", — отме́тил Юров.

---

❶ а та́кже 以及
❷ а ме́жду тем 其实，不过，然而
❸ без исключе́ния 毫无例外
❹ мочь (и́ли мо́жно) похвали́ться кем-чем 能说……好，值得称赞……
❺ РИА — Росси́йское информацио́нное аге́нтство 俄罗斯通讯社，俄通社（РИА "Но́вости" 俄罗斯新闻社，俄新社）
❻ в свою́ о́чередь 同样地，也

课文二 莫斯科和外省之间的生活水平仍有（一定）差距（1）

俄罗斯联邦国家委员会不久前的研究数据表明，俄罗斯普通居民的月薪约为200欧元。在此背景下，外省的（相关）数据就令人十分担忧，因为有些地区的平均工资还不到100欧元。

伊万诺沃，以及卡尔梅克和阿迪格共和国的居民挣得最少——3000卢布（90欧元）。有趣的是，卡尔梅克共和国总统基尔桑·伊柳姆日诺夫和阿迪格共和国总统哈兹列特·索夫缅却都登上俄罗斯富豪榜单。

其实在伊万诺沃，地方当局也试图抑制该州的衰落，但却不见成效，在苏联时期该州曾是全国纺织业最大的中心。

一些大型城市、西伯利亚和远东的生活水平则（相对）较高。

要是以为俄国所有地区均无例外地处于低下的生活水平，那就错了。在富含石油的秋明州、汉特—曼西、亚马尔—涅涅茨自治区，以及俄罗斯远东地区，其生活水平可以说相当之高，与莫斯科和圣彼得堡不分上下。

俄新社政治评论员亚历山大·尤罗夫指出：在俄国，住宅建设的迅猛发展，也说明了国民福利的增长。尤罗夫指出："仅在最近一年住房建设的总量就增长了6.3%，共建盖51.5万套住宅。"

Текст 3   Ра́зница в у́ровне жи́зни ме́жду Москво́й и прови́нцией сохраня́ется (2)

Строи́тельство домо́в и кварти́р и экспа́нсия торго́вых сете́й в регио́ны явля́ются доказа́тельством ро́ста покупа́тельной спосо́бности

"Объём строи́тельства домо́в и кварти́р в проше́дшем году́ соста́вил в сто́имостном выраже́нии❶ 1,7 триллио́на рубле́й, что на 10,5% бо́льше, чем в 2004 году́. Тот факт, что би́знес вкла́дывает таки́е сре́дства в строи́тельство домо́в и кварти́р, отража́ет высо́кий спрос на кварти́ры. Бе́дные лю́ди про́сто не смогли́ бы себе́ э́того позво́лить❷", — заключи́л Юров.

По его слова́м, в регио́нах кро́ме того́ наблюда́ется расшире́ние филиа́льных сете́й кру́пных торго́вых компа́ний. И действи́тельно, всё бо́льше междунаро́дных компа́ний стремя́тся в росси́йскую прови́нцию. Откры́тие торго́вого це́нтра IKEA❸ в Каза́ни, и наме́ченное на ию́нь откры́тие гиперма́ркета METRO❹ в Ряза́ни пока́зывают, что междунаро́дные компа́нии ви́дят в регио́нах перспекти́вные ры́нки сбы́та.

экспа́нсия	扩张，扩展
триллио́н	万亿
би́знес [нэ]	生意，商务
филиа́льный	分支机构的
гиперма́ркет	大型超市
сбыт	销售
про́пасть ж.	悬殊，鸿沟
олига́рх	寡头
просло́йка	阶层
клие́нт [иэ]	顾客，顾主
повсеме́стно [сн] нареч.	各地，到处
суперма́ркет	超市

А э́то, полага́ет Юров, я́вный при́знак расту́щей покупа́тельной спосо́бности населе́ния. Тем не ме́нее❺, Ю́рову пришло́сь призна́ть, что про́пасть ме́жду бе́дными и бога́тыми в Росси́и увели́чивается.

Про́пасть ме́жду бога́тыми и бе́дными стано́вится всё глу́бже

Вме́сте с появле́нием кла́сса олига́рхов в Росси́и постепе́нно начала́ формирова́ться и то́нкая просло́йка сре́днего кла́сса. Э́ти лю́ди, как пра́вило, явля́ются постоя́нными клие́нтами повсеме́стно открыва́ющихся рестора́нов McDonald's❻, суперма́ркетов и кру́пных торго́вых це́нтров.

---

❶ сто́имостное выраже́ние 价值形式
❷ не мочь себе́ позво́лить 望洋兴叹
❸ IKEA 宜家（瑞典家居卖场，宜家集团在全球36个国家和地区拥有294个卖场。）
❹ METRO 麦德龙（又称"麦德龙超市"，麦德龙股份公司是德国最大、欧洲第二、世界第三的零售批发超市集团。）
❺ тем не ме́нее 然而，可是
❻ McDonald's 麦当劳（全球最受欢迎的美国快餐品牌之一，在中国内地早期译名是"麦克唐纳〈快餐〉"，后来才统一采用现今的港式译名。）

Однако покупательная способность большей части населения, и прежде всего⁷ это касается многочисленной армии пенсионеров, находится на очень низком уровне. После оплаты квартиры, непрерывно растущих коммунальных и прочих платежей пенсионерам остаётся ровно столько, чтобы не умереть с голоду, не говоря уже о⁸ приобретении дорогостоящих и качественных товаров.

коммунальный 公用的，公共的
прочий 其他的，别的

(21 апреля 2010)

课文三 莫斯科和外省之间的生活水平仍有（一定）差距（2）

住房的建设，商业网点向各地区的扩展表明了购买力的增长。

尤罗夫最后说："去年住房建设的总量按价值形式表示，为1.7万亿卢布，比2004年增长了10.5%。商家对住房建设投入的资金如此之多，这一事实反映出对住宅的高度需求。可穷人只有望洋兴叹的份儿。"

按照他的说法，除此之外，大型贸易公司分支机构的网点在各地区都在扩展。的确，越来越多的跨国公司不断涌入俄罗斯外省。在喀山开设的宜家购物中心，以及即将于六月在梁赞开设的大型超市麦德龙，表明跨国公司把各个地区都看作是具有发展前景的销售市场。

尤罗夫认为，这是居民购买力不断增长的显著特征。然而，他不得不承认，俄罗斯的贫富差距也在不断加大。

富人和穷人之间的鸿沟越来越深。

在俄罗斯，随着寡头阶层的出现，也逐渐产生了力量薄弱的中产阶层，这些人往往是各地的麦当劳快餐店、大型超市以及大型购物中心的常客。

然而，大多数居民，首先是大量退休人员的购买力水平很低，交完房租以及不断增长的公共费用和其他费用之后，退休人员的那点钱就只够勉强填饱肚子了，更不用说购买什么价格高、质量好的商品了。

（2010年4月21日）

---

⑦ прежде всего 首先
⑧ не говоря уже о *ком-чём* 至于……就更不必提了

ПОЛЕЗНО ЗНАТЬ *АБИТУРИЕНТУ*
高考生不妨了解一下

абитуриéнт 高考生，报考高等院校者

Текст 1 Минобрнауки[1] окончательно отменило в школе золотые и серебряные медали[2]

Вслед за[3] льготами при поступлении в вузы, которые до недавнего времени распространялись на выпускников школы с золотыми и серебряными медалями, Министерство образования и науки отменило и сами эти награды. О достижениях отличников будет свидетельствовать «красный аттестат» — аналог вузовского «красного диплома[4]».

Отмена наград для выпускников стала одним из нововведений закона «Об образовании», вступившего в силу[5] с сентября 2013 года, пишет «Комсомольская правда». Депутаты посчитали медали бесполезными, потому что с 2010 года никаких льгот при поступлении они не дают. Значение имеют только результаты Единого государственного экзамена и олимпиад.

Отменить льготы для медалистов решили после того, как Минобрнауки опубликовало интересные данные, согласно которым в Московской области пару лет назад шанс получить медаль был у каждого 253-го школьника, на Сахалине — каждого 595-го, а в Кабардино-Балкарии — каждого 18-го. Но судьба медалей не решена окончательно — региональные власти, желающие сохранить традицию, могут заказывать медали собственного образца и вручать самым лучшим выпускникам.

отменить сов./отменять несов. 废除，废止
льгота 优惠，优待
аналог 相似物，类似现象
опубликовать сов./опубликовывать, публиковать несов. 颁布，发表
согласно предл. 依照，根据
региональный 地区的，区域的
обложка 封面，封皮
почесть ж. 荣誉，尊敬

Отличников с исчезновением медалей вниманием не обойдут[6]: для них Минобрнауки предусмотрело аттестаты об основном общем образовании с обложкой красного цвета — аналог вузовского «красного диплома» (остальные бывшие одиннадцатиклассники получат аттестаты сине-голубого цвета). При этом кроме академических почестей «красный аттестат» принесёт своему владельцу и реальную пользу. Этот вопрос в настоящее время прорабатывается в рамках подготовки проекта приказа Минобрнауки России, сообщили «Московскому комсомольцу» в этом министерстве.

---

[1] Минобрнауки — Министерство образования и науки 教育科学部
[2] золотые и серебряные медали 金质和银质奖章
[3] вслед за чем 继……之后，紧接着
[4] красный диплом （高等学校的）红色毕业证书（俄罗斯本科毕业证书有两种颜色的封皮——蓝色和红色，前者是普通毕业证书，后者则颁发给学习成绩优异者。）
[5] вступить в силу 生效，产生效力
[6] обойти кого чем 不给予（某种待遇、关注等）

课文一　教育科学部完全取消了中学的金银奖章

获得金银奖章的中学毕业生在考大学时所享有的优惠条件，直到不久前才被取消，接着教育科学部又把这些奖项本身也取消了。"红色（中学）毕业证书"——类似于高校（发）的"红色（大学）毕业证书"——将用来证明优等生的学业成就。

取消毕业生的奖章是2013年9月起生效的《教育法》新措施之一，——《共青团真理报》写到。议员们认为奖章已经不管用了，因为从2010年开始，考大学时奖章已不能带来任何优惠了，只有国家统一考试和奥林匹克竞赛成绩才管用。教育科学部公布的一些有趣的数据显示，两年前，莫斯科州每253名中学生中有一人获得奖章；萨哈林为每595人中有一人；卡巴尔达—巴尔卡尔则为每18人中就有一人。这些数据公布之后，就决定取消为奖章获得者所提供的优惠。但奖章的命运并未就此完结，愿意保留传统的地区政府可以定制自行设计的奖章，颁发给最优秀的毕业生。

优等生尽管失去了奖章，但依旧会得到重视：教育科学部规定给他们发放红皮的普通基础教育证书——类似于高校（发）的"红色（大学）毕业证书"（其他十一年级的学生拿到的将是蓝色和浅蓝色相间的毕业证书）。而且，除了学业上的荣誉，"红色毕业证书"还可为获得者带来实际的好处。科教部告知《莫斯科共青团报》，这一问题目前正在研究之中，俄罗斯教科部正在制定（相关的）命令草案。

Текст 2. Рособрнадзор[1] утвердил даты проведения ЕГЭ в 2014 году

Сдавать единый государственный экзамен выпускники этого года начнут 26 мая, сообщила пресс-служба Федерального агентства по надзору в области образования и науки.

Проект приказа подготовлен и направлен на утверждение в министерство образования и науки России. Как ожидается[2], никаких изменений в него вносить не будет. Окончательное решение будет принято в январе-феврале 2014 года.

Расписание получилось такое:

26 мая — география и литература

29 мая — русский язык (обязательный экзамен)

2 июня — иностранные языки и физика

5 июня — математика (обязательный экзамен)

9 июня — информатика, биология и история

11 июня — обществознание и химия.

16-19 июня — резервные дни, можно будет сдать предметы, совпавшие по срокам с другими экзаменами.

Досрочный период сдачи ЕГЭ, в котором смогут принять участие[3] члены сборных команд России и ещё некоторые группы выпускников, состоит с 21 апреля по 8 мая. Дополнительный период — в первую очередь[4] для тех, кто проболел основные дни сдачи экзаменов или по другой очень уважительной причине не смог написать тесты вовремя — с 7 по 16 июля.

пресс-служба 新闻服务中心，新闻处
информатика 信息学，信息技术
совпасть сов./совпадать несов. 吻合，一致
сборный 联合的，混合的
уважительный 正当的
тест [тэ] 考试，测试

---

[1] Рособрнадзор — Федеральная служба по надзору в сфере образования и науки 俄罗斯教育科学监督局
[2] как ожидается 预计
[3] принять участие в чём 参加……
[4] в первую очередь 首先

课文二 俄教科监督局确定了2014年国家统一考试日期

俄教科监督局新闻处通报称：今年毕业生的国家统一考试将于5月26日开始。

命令草案已制定完毕，并已提交俄罗斯教育科学部审批。预计将不会有任何修改，最终方案将于2014年1-2月份获得通过。

考试时间安排如下：

5月26日：地理、文学

5月29日：俄语（必考科目）

6月2日：外语、物理

6月5日：数学（必考科目）

6月9日：信息技术、生物、历史

6月11日：社会知识、化学

6月16—19日：机动日，可安排在时间上与其他科目有冲突的考试

4月21日至5月8日为国家统一考试的提前考试期，俄罗斯国家队以及毕业生的其他一些团队将参加这一阶段的考试。7月7日至16日为补考期，这首先是为那些因患病而错过了固定的考试日期，或因其他很正当的理由而无法按时参加考试的人安排的。

Текст 3 Почти 62 тысячи выпускников приняли участие в дополнительном этапе ЕГЭ в 2012 году

Почти 62 тысячи выпускников, которые по уважительным причинам не смогли сдать ЕГЭ в основные сроки, приняли участие в дополнительном этапе экзамена, проходившем в России с 7 по 16 июля, говорится в сообщении пресс-службы Рособрнадзора.

"Последний, дополнительный этап ЕГЭ прошёл с 7 по 16 июля. В качестве участников были зарегистрированы 61,73 тысячи человек", — говорится в пресс-релизе. Согласно данным Министерства, всего в ходе "второй волны" ЕГЭ[1] было сдано 156 тысяч тестов.

Сдать ЕГЭ в дополнительные сроки имели право учащиеся начальных и средних профессиональных образовательных заведений. Также имели право пересдачи выпускники прошлого или этого года, которые по уважительным причинам — например, из-за болезни — не имели возможности сдать ЕГЭ в мае-июне или исправить неудовлетворительную оценку по одному из обязательных предметов (русский язык и математика) в резервные

зарегистрировать сов./регистрировать несов. 登记，注册
пресс-релиз 新闻通报，新闻稿
неудовлетворительный 不及格的，不能令人满意的
аккредитовать сов.,несов. 委任，任命
разместить сов./размещать несов. （分别）把……放到
фрагмент 部分，片段

дни, а также ребята, которые получили среднее образование в иностранных школах.

Рособрнадзор в качестве общественных наблюдателей аккредитовал 618 человек.

Рособрнадзор сообщил, что результаты трёх участников ЕГЭ, которые разместили в интернете фрагменты экзаменационных заданий по обществознанию в Омской области, по математике в Ростовской области и по биологии в Москве отменены без права пересдачи в текущем году.

---

[1] "вторая волна" ЕГЭ "第二波"国家统一考试（5月底6月初进行的考试被认为是"第一波"，而6月的机动日进行的考试和7月的补考一起被称为"第二波"。当年的"第二波"考试中共提交15.6万份考卷，其中报名参加7月补考的有61730人。）

课文三 2012年将近有6.2万名毕业生参加了国家统考的补考

俄教科监督局新闻处发表通报说：近6.2万名毕业生因正当理由，无法在固定的日期参加国家统一考试，而参加了7月7日至16日在俄罗斯举行的补考。

"国家统考的最后补考自7月7日至16日举行。共有61730人报名参加考试，"新闻通报说。根据教育科学部提供的数据，在（6、7月举行的）"第二波"考试中，共提交15.6万份考卷。

有权在补考期参加国家统考的是初等和中等职业教育机构的学生；去年或今年因正当理由（如因病）不能参加5—6月进行的国家统考的学生，或者无法利用机动日将一门必考科目（俄语和数学）的不及格成绩考成及格的学生，以及在国外学校获得中等教育的学生——也有权参加补考。

俄教科监督局任命了618人作为社会监督员。

俄教科监督局发表通报，取消三名考生的国家统考成绩，而且今年不得重考，因为他们将鄂木斯克州的社会知识、罗斯托夫州的数学、莫斯科州的生物等三门考试的部分试题上传到了网上。

О ЧЁМ МЕЧТАЮТ РОССИЯНЕ?
俄国人有哪些梦想？

Текст 1 Мечта́ть — не вре́дно[1]!

Росси́йские учёные изучи́ли жела́ния россия́н — о тако́м иссле́довании мо́жно то́лько мечта́ть. Мно́гие учёные, ви́димо, и мечта́ли, но воплоти́л ска́зку в быль то́лько Институ́т социоло́гии Росси́йской Акаде́мии нау́к. Его́ сотру́дники вы́шли в лю́ди, опроси́ли 1750 челове́к по всей Росси́и (в во́зрасте от 16 до 55 лет) и предста́вили в конце́ про́шлой неде́ли докла́д с назва́нием «О чём мечта́ют россия́не». Скро́мное назва́ние, но отню́дь не[2] скро́мный объём — це́лый фолиа́нт получи́лся. Ну так мечты́ — де́ло серьёзное. Но здесь мы пропуска́ем 120 страни́ц докла́да, чтобы поскоре́е донести́ до[3] чита́телей сокрове́нное зна́ние, что же на́ши соотéчественники ви́дят во сне и наяву́. И поня́ть — о том ли мы мечта́ем. Ита́к...

ви́димо нареч., вводн.	想必，看来
воплоти́ть сов./воплоща́ть несов.	把……变为，体现
быль ж.	真事，真实的事情
сотру́дник	工作人员，职员
опроси́ть сов./опра́шивать несов.	询问（许多人）
фолиа́нт	厚厚的一大本
сокрове́нный	秘密的，隐秘的
соотéчественник	同胞
наяву́ нареч.	不是梦中，实际生活中

课文一 做做美梦也无妨！

俄国学者们对俄国人的各种心愿进行了研究——关于这样的研究（本来）只有幻想的份儿。想必，不少学者都曾有过这样的幻想，然而俄罗斯科学院社会学研究所（独此一家！）将幻想变成了现实。该所的研究人员走向社会，在俄罗斯全国范围内调查了1750人（从16岁到55岁），并于上周末提交了题为《俄罗斯人有哪些梦想？》的报告。其标题并不显眼，但其篇幅却很显眼——堪称卷帙浩繁。要知道梦想可是件严肃的事情。不过，在这里我们还是跳过120页的篇幅，以便使读者更快地了解到鲜为人知的（精要）部分——我们的同胞们在梦里和现实中究竟在想些什么。随之也就明白，那些是否就是我们

---

[1] Мечта́ть — не вре́дно! 做做美梦也无妨！（该标题取自俄罗斯2005年出品的一部同名电影。影片的主人公是四个年青人，尽管他们在性格和生活态度及方式上迥然相异，但在各自的生活中他们都逐渐领悟到应该认真对待自己的每一个梦想：说不定哪天它就会变成现实的。）
[2] отню́дь не 绝不，根本不
[3] донести́ *что до кого́* 使明了，使了解

的梦想。那就来看一看吧。

（人群比例）	（梦想的内容）
40%	生活富裕，花钱时不用精打细算
18%	在生活中可以实现自我
7%	拥有一份好工作
11%	成为一个对社会有用的人，能为俄罗斯的发展尽自己的一份力量
49%	希望借助神力、运气或者上帝的帮助来实现自己的梦想
17%	拥有一个美好的家庭
15%	拥有属于自己的生意
43%	最好能请求金鱼让自己和亲人们身体健康
4%	成为一个受人尊敬的知名人士

ле́пта （对共同事业力所能及的）贡献

❹ жить в доста́тке 过富足生活
❺ Попроси́ли бы у золото́й ры́бки... 最好请求金鱼……（此语源自普希金的童话故事《渔夫和金鱼的故事》，故事讲述了小金鱼让老太婆由穷变富又由富变穷的遭遇。）

Текст 2 Что ру́сскому хорошо́?

В про́шлом но́мере (12-19 апре́ля 2012 го́да) мы рассказа́ли о мечта́х россия́н (иссле́дование Институ́та социоло́гии РАН❶). Сего́дня — о том, в како́м госуда́рстве мы хоте́ли бы жить.

аналоги́чный 类似的
засто́й 停滞，萧条
ны́нешний разг. 现今的，现在的
дохо́д 收入
подавля́ющий 压倒性的，绝大多数的

Жить ста́ло лу́чше. Но пока́ не всем.

Како́й пери́од в исто́рии страны́ соотве́тствует ва́шим идеа́лам?

Неожи́данный результа́т дал опро́с «Како́й пери́од в исто́рии страны́ вы счита́ете идеа́льным?». Оказа́лось, что совреме́нность нра́вится ка́ждому тре́тьему. Это удиви́тельно, поско́льку на аналоги́чный вопро́с в 2000 году́ тако́й отве́т да́ли то́лько 6 проце́нтов опро́шенных. Зато́ ме́дленно, но ве́рно уменьша́ется число́ тех, кто идеализи́рует бре́жневскую эпо́ху❷ засто́я.

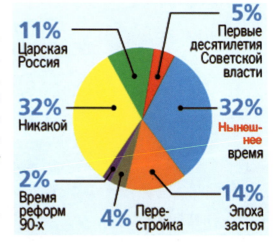

Нет — капитали́зму❸, нет — социали́зму!

Како́й строй наибо́лее подхо́дит для Росси́и?
Россия́не выступа́ют за справедли́вое распределе́ние дохо́дов, кото́рое невозмо́жно ни в чи́сто капиталисти́ческом, ни в социалисти́ческом стро́е. Подавля́ющему большинству́❹ россия́н хо́чется чего́-то сре́днего, кото́рое взя́ло бы лу́чшие черты́ из обе́их кра́йностей. Интере́сно, что в сравне́нии с❺ аналоги́чным опро́сом 2003 го́да число́ люде́й, выступа́ющих за❻ капитали́зм без каки́х-ли́бо ограниче́ний, уме́ньшилось незначи́тельно. А вот число́ жела́ющих жить при социалисти́ческом стро́е, как в СССР, сни́зилось почти́ на че́тверть.

❶ РАН — Росси́йская Акаде́мия нау́к 俄罗斯科学院
❷ Бре́жневская эпо́ха （勃列日涅夫时期）——苏联的"停滞时期"，1964—1985年间统治苏联的领袖是勃列日涅夫及其接班人，故有此称。
❸ Нет — кому́-чему́. 这一结构通用于标题、标语口号、宣传画，其中的нет译作"不要，反对"，例如：Нет — войне́. (不要战争)，Нет — агре́ссии. (反对侵略)。
❹ подавля́ющее большинство́ 压倒性的多数，绝大多数
❺ в сравне́нии с чем 与……比较，和……比较起来
❻ выступа́ть за что 赞成，拥护

课文二 在俄罗斯人看来什么是好？

在上一期（2012年4月12–19日），我们谈了俄国人的梦想（俄罗斯科学院社会学研究所的研究结果），今天要谈的是，我们想生活在什么样的国家。

日子开始变好，但还不是所有的人。

在我国历史上哪个时期符合您的理想？

"您认为我国历史上哪个时期是（最为）理想的"的调查问卷得出意外结果。竟然有三分之一的人喜欢当代。这令人惊讶，因为在2000年对此类问题给出同样答案的受访者只有百分之六。不过，将勃列日涅夫停滞时期理想化的人数的确在慢慢减少。

11%	沙皇俄国
5%	苏维埃政权头几十年
32%	当代
32%	没有哪个时期
2%	90年代的改革时期
14%	停滞时期
4%	（戈尔巴乔夫）改革

不要资本主义，也不要社会主义！

什么样的制度最适合俄罗斯？

俄国人赞成收入公平分配，这种分配无论是在单纯的资本主义制度，还是在社会主义制度下都是不可能实现的。绝大多数俄国人希望走中间路线，即从两种截然不同的体制中吸取各自的长处。有趣的是，相较于2003年的同类调查，赞成不加任何限制的资本主义的人数减幅不大，而希望生活在像苏联那样的社会主义制度下的人数则减少了将近四分之一。

31%	带有市场（经济）成分的社会主义
25%	带有计划（经济）成分的资本主义
22%	社会主义，国有制
17%	资本主义，自由市场

Текст 3 Какова́ должна́ быть систе́ма распределе́ния дохо́дов и под каки́м ло́зунгом развива́ется страна́?

Из докла́да социо́логов сле́дует[1], что осо́бое недово́льство сего́дня вызыва́ет систе́ма распределе́ния дохо́дов и ча́стной со́бственности. Бо́лее полови́ны опро́шенных утвержда́ют, что они́ не получа́ют досто́йного **вознагражде́ния** за свою́ рабо́ту. Причём э́то мне́ние популя́рно во всех **слоя́х** о́бщества, вне зави́симости от[2] у́ровня за́работков. И ситуа́ция с ка́ждым го́дом ухудша́ется. Зато́ у ны́нешних россия́н нет жела́ния «отня́ть и подели́ть», они́ понима́ют, что кто бо́льше рабо́тает, тот до́лжен и бо́льше получа́ть.

Под каки́м ло́зунгом должна́ да́льше развива́ться страна́?

вознагражде́ние 酬劳
слой 阶层，层
стаби́льный 稳定的
ста́тус 地位，状态
глоба́льный 全球的，世界性的

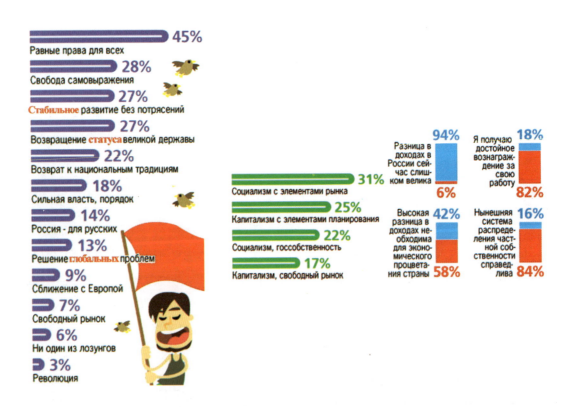

---

[1] сле́довать из чего́ （由于……而）产生，得出
[2] вне зави́симости от чего́ 不依赖于，无论，不管

课文三 应该实行什么样的收入分配制度？
国家应该在什么样的口号下（继续）发展？

从社会学者的报告中可以看到，目前引起（人们）特别不满的是收入和私有制的分配制度。超过半数的受访者断言，他们没有得到应有的工作报酬，并且这种意见在所有的社会阶层都很普遍，无论其工资水平如何。而且这种情况在逐年恶化。不过，如今的俄国人并没有"把什么都拿来大家分分"的愿望，他们都懂得多劳多得的道理。

94%赞同，6%反对	目前在俄罗斯收入差距太大
18%赞同，82%反对	我得到了应有的工作报酬
42%赞同，58%反对	收入上的巨大差距对于国家的经济繁荣而言是必须的
16%赞同，84%反对	现行的私有制分配制度是公平的

国家应该在什么样的口号下继续发展？

45%	人人拥有平等的权利
28%	自我表现的自由
27%	没有动荡的稳定发展
27%	恢复强国地位
22%	回归民族传统
18%	（建立）强有力的政权和秩序
14%	俄罗斯是俄罗斯人的
13%	解决全球性问题
9%	向欧洲靠拢
7%	自由市场
6%	无需任何口号
3%	革命

УРОК 8

КАКИМИ ЗАБОЛЕВАНИЯМИ ЧАЩЕ ВСЕГО СТРАДАЮТ[1] РОССИЯНЕ?
俄国人常患哪些疾病？

---

[1] 动词 страдать 作"生病，患病"解时，接 *чем*（*чем* 通常是表示疾病名称的名词），如 **страдать головными болями**（患有头痛）；作"感到痛苦，难过"解时，接 *от чего, из-за чего*，如 **страдать от головных болей**（头痛得很厉害）。

Текст 1 От каких болезней умирают россияне

Данные о болезнях, уносящих наибольшее количество человеческих жизней, были напечатаны Всемирной организацией здравоохранения в ежегоднике World health statistics 2013 («Всемирная статистика здравоохранения»), пишет doctorpiter.ru.

В России, как сообщается в ежегоднике, 517 смертельных случаев на сто тысяч человек, были вызваны сердечно-сосудистыми заболеваниями и диабетом. Это число почти в три раза больше количества смертей из-за онкологических заболеваний (180 на 100 тыс. чел.). Заболевания органов дыхания в России уносят жизни, в среднем[1], 21 человека на 100 тыс.

здравоохранение	卫生，保健
ежегодник	年鉴
статистика	统计
сосудистый	血管的
диабет	糖尿病
онкологический	肿瘤的
инфекционный	传染的
инфаркт	梗塞，梗死
травма	外伤，损伤
стихийный	自然的，天然的
алкоголь м.	酒精，乙醇

На болезни инфекционной природы[2] приходится[3] 71 смертельный случай, на неинфекционные заболевания (инфаркты, диабет и пр.[4]) — 797 таких случаев на 100 тыс. населения. Что касается[5] внешних причин смертности, таких, как травмы, ДТП[6], стихийные бедствия, то их число соответствует 159 случаям на 100 тыс.

В целом, получается, что половина смертей в РФ у людей в 30-60 лет происходит по причине[7] заболеваний сердца и сосудов, а также диабета. По утверждению экспертов ВОЗ[8], причиной этому[9] служит в том числе[10] и то, что лишний вес имеют 20% мужчин и 30% женщин старше 20-летнего возраста, более 50% мужчин и 25% женщин регулярно курят, каждый шестой россиянин злоупотребляет[11] алкоголем.

---

[1] в среднем 平均
[2] природа 此处作 "性质，本性，本质" 解，如：Врачи изучают природу болезней, чтобы бороться с ними. （医生研究疾病的性质，以便与疾病作斗争。）
[3] на кого-что приходиться 计有；摊到，平均分到（多少）（如：71% поверхности земного шара занят водой, и лишь 29% приходится на сушу.〈地球表面71%是水，只有29%是陆地。〉）
[4] и пр. — и прочее（等等，及其他）
[5] что касается кого-чего 至于……，至于谈到……
[6] ДТП — дорожно-транспортное происшествие 交通事故
[7] по причине чего книжн. 因为，由于……缘故
[8] ВОЗ — Всемирная организация здравоохранения 世界卫生组织
[9] причина 常接чего, 如：причина пожара（火灾的起因）。但在 "служить (быть, являться)... причиной" 这类结构中还可接чему（чему常用指示代词表示）。如：Причиной тому были неожиданно возникшие трудности.（之所以如此，是由于突然产生了困难。）
[10] в том числе 其中包括
[11] злоупотреблять 滥用，不正当地利用（接чем, 如：злоупотреблять властью〈滥用职权〉）

课文一　俄国人死于哪些疾病？

　　世界卫生组织在世界卫生统计年鉴（2013）刊登了夺去人类生命最多的疾病等相关资料，——doctorpiter.ru 网站写到。

　　年鉴显示，俄罗斯每10万人中有517例死亡是由心血管疾病和糖尿病引起的，这个数量是死于肿瘤人数（每10万人中有180例）的将近3倍。俄罗斯平均每10万人中有21人是被呼吸器官疾病夺去生命的。

　　每10万人中因传染性疾病而死亡的有71例，因非传染性疾病（梗塞，糖尿病等）而死亡的有797例。至于由于外部原因（如外伤、交通事故、自然灾害）而导致死亡的人数，每10万人中则有159例。

　　总体而言，在俄罗斯30—60岁的人群中，有一半的死亡病例是由心血管疾病及糖尿病造成的。经世界卫生组织专家确认，20岁以上的20％男性和30％女性体重超标，超过50％的男性和25％的女性常年吸烟，每6个俄国人中就有1人酗酒——凡此种种也是造成这一现象的原因。

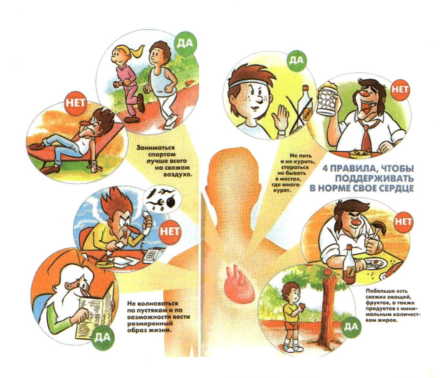

Текст 2 Росси́я, не боле́й! (1)

Экспе́рты во главе́ с[1] акаде́миком Ле́о Боке́рия посчита́ли, каки́ми заболева́ниями ча́ще всего́ страда́ют в ра́зных регио́нах на́шей страны́.

Но снача́ла — хоро́шая но́вость: матери́нская и младе́нческая сме́ртность в це́лом по Росси́и за после́днее вре́мя сократи́лась насто́лько, что оказа́лась да́же ни́же благополу́чных сове́тских показа́телей. "В СССР не дожива́ли до одного́ го́да 20 из ты́сячи роди́вшихся дете́й, а в Росси́и в 2011 году́ — 7 из ты́сячи младе́нцев", — рассказа́ла в интервью́ "КП" мини́стр здравоохране́ния Верони́ка Скворцо́ва. При э́том по рожда́емости бесспо́рное пе́рвое ме́сто занима́ет Се́верный Кавка́з: в Чечне́, наприме́р, по после́дним да́нным за 2010 год, на ты́сячу жи́телей прихо́дится 30 новорождённых. То, что на ю́ге в се́мьях традицио́нно бо́льше дете́й, никого́, коне́чно, не удиви́т, но оцени́те ра́зницу в у́ровне рожда́емости: в сре́днем по стране́ э́то 12,5 новорождённого на ты́сячу челове́к, а в Москве́ — 10,7. То есть в столи́це младе́нцев рожда́ется почти́ в 3 (!) ра́за ме́ньше, чем в не́которых респу́бликах Кавка́за.

> младе́нческий 婴儿的

课文二 俄国人，勿生病！（1）

以列奥·博克里亚院士为首的专家组对我国各地的常见疾病做了统计。

不过，还是先说一个好消息：近年来俄罗斯的母婴死亡率总体上显著下降，甚至低于令人满意的苏联时期的指数。卫生部长韦罗妮卡·斯克沃尔佐娃在接受《共青团真理报》采访时说："在苏联时期，每千名新生儿中不满周岁死亡的人数为20人，而在俄罗斯2011年每千名婴儿中仅为7人。"另一方面，就出生率而言，北高加索无可争议地排在第一名，比如在车臣，依据最新的2010年的数据，每千名居民中有30名新生儿。当然，也不会有人对此感到大惊小怪，因为南方地区的家庭有多生孩子的传统。不过还是来看一看出生率方面的差距：全国平均每千人中有12.5人是新生儿，而莫斯科却只有10.7人，也就是说，首都新生儿的人数几乎比高加索一些共和国少三分之二！

---

[1] во главе́ с кем 以……为首，由……领导

Текст 3 Россия, не болей! (2)

Реже всего рожают на Алтае, в Туве и в северных регионах. Но зато в той же Якутии самая низкая заболеваемость[1] сердечно-сосудистыми патологиями. Кстати, именно на долю этих заболеваний в целом по стране приходится почти 60% смертности. По словам Вероники Скворцовой, у нас в стране сейчас нарастают настоящие эпидемии неинфекционных болезней. Больше всего жизней уносят те самые сердечно-сосудистые заболевания, онкология,

патология	病变
доля	份，部分
эпидемия	（传染病的）流行；流行病
калорийный	含热量高的
фастфуд	快餐
абдоминальный	спец. 腹部的，肚子的
ожирение	肥胖
кардиолог	心脏病专家，心脏病大夫
хронический	长期的，经常性的；慢性的

болезни органов дыхания и диабет. Самое обидное, что нередко смерть можно было бы не допустить — если бы больные начали вести правильный образ жизни, считает министр. "Калорийный фастфуд и недостаток движения — главные "помощники" сердечно-сосудистых болезней", — поясняет один из составителей книги "Здоровье России", замдиректора Бакулевского центра сердечно-сосудистой хирургии профессор Игорь Ступаков. "У людей развивается абдоминальное ожирение (внешне — растёт живот), это страшная вещь — оно очень часто ведёт к[2] инфарктам", — предупреждает кардиолог.

Эксперты отмечают, что центральные регионы вообще выглядят довольно неблагополучно: и в плане[3] онкологии, и больных с повышенным давлением здесь больше, и хронический алкоголизм "на высоте". Зато и обеспеченность врачами выше среднего: в Петербурге, например, 74 доктора на 10 тысяч, в Москве — 66, при том, что средний уровень по стране — 44 врача на 10 тысяч человек.

В целом составители книги "Здоровье России" сделали вывод: Северный Кавказ государство за последние годы подняло[4], а вот средняя Россия сейчас — это "больной, которого мы теряем". Рецепт лечения от знаменитого кардиолога, академика Лео Бокерия

---

[1] заболеваемость 发病率，患病率（接第五格名词时，意为"某种疾病的发病率"，如：заболеваемость раком〈癌症发病率〉。）
[2] вести к чему 导致，造成（不用一、二人称）
[3] в плане чего книжн. 在……方面
[4] поднять 此处作"治愈，医好（卧床的病人）"解，用于此意时带有口语色彩。

такóй: спорт, физи́чески акти́вный о́тдых, труд и образова́ние. "Дока́зано: образо́ванные лю́ди живу́т на 10-12 лет до́льше, потому́ что при мысли́тельном проце́ссе кле́тки мо́зга выраба́тывают так называ́емый фа́ктор долголе́тия", — говоря́т врачи́.

кле́тка 细胞
фа́ктор 因素

课文三 俄国人，勿生病！（2）

　　出生率最低的是阿尔泰、图瓦和北部地区。但同样也在雅库特，心血管病的发病率是最低的。顺便说一下，正是这类疾病将近占全国总死亡率的60%。用韦罗妮卡·斯克沃尔佐娃的话来说，我国目前真正流行的是非传染病，而且呈上升趋势。人们多半就是被心血管疾病、肿瘤、呼吸器官疾病和糖尿病夺去了生命。这位部长认为，最让人痛心的是，如果病人养成了正确的生活方式，那么在很多情况下死亡是可以避免的。《俄罗斯健康》一书的编者之一、巴库列夫心血管外科中心副主任伊戈尔·斯图帕科夫教授解释说："（食用）高热量的快餐和缺乏运动是心血管疾病的主要'帮凶'。"这位心脏病专家提醒人们："腹部脂肪增多（从外观上看，肚子变大），这是很可怕的，这种情况经常会导致梗死。"

　　专家们指出，中部地区看起来总体情况相当糟糕：无论是肿瘤（患者），还是高血压病人，这里的人数都是偏多的，还有长期酗酒的现象也"居高不下"。不过这一地区医生的配备数量高于（全国）平均水平，如在圣彼得堡，每万人中有74名医生，在莫斯科——则有66名，而全国的平均水平是每万人中有44名医生。

　　总体看来，《俄罗斯健康》一书的编者们得出的结论是，（如果说）国家近年来治愈了北高加索（这个病人），那么俄罗斯中部现在则是"一个垂危的病人"。著名心脏病专家列奥·博克里亚院士开出的处方是，从事体育运动，使身体得到积极的休息，劳动和学习。有医生这样说："（事实）证明，富有知识的人会多活10—12年，因为在思维过程中脑细胞会产生所谓长寿因子。"

俄语（第2版）

黑龙江大学俄语学院 编

总主编 邓军 赵为

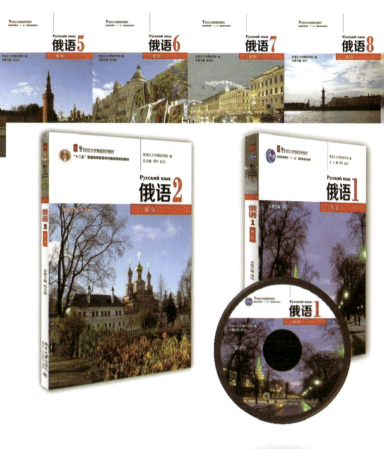

"十二五"普通高等教育本科国家级规划教材

俄语视听说基础教程（1-3）

总主编 孙玉华

影视俄语
视听教程
朱玉富 编

俄文网络信息
资源及利用
崔卫 刘戈 著

俄语词汇修辞
王辛夷 著

21世纪大学俄语系列教材

北京大学出版社
PEKING UNIVERSITY PRESS

俄语语言文化史
钱晓蕙 陈晓慧 著

俄罗斯文学史（俄文版）（第2版）
任光宣 张建华 余一中

俄国文化史
李明滨 著